Gianni CARIANI

VARIA II

FRAGMENTS SUR L'ART

Copyright © 2020 Gianni CARIANI
Tous droits réservés.

« La valeur des choses n'est pas dans la durée, mais dans l'intensité où elles arrivent. C'est pour cela qu'il existe des moments inoubliables, des choses inexplicables et des personnes incomparables. »

Fernando PESSOA

Table des matières

FRAGMENT 11 / NO COPYRIGHT

FRAGMENT 12 / DE L'EXOTISME...

FRAGMENT 13 / ANDREAS GURSKY : DE LA CONTREFACON COMME PERFECTION !

FRAGMENT 14 / DE LA REPRESENTATION...

FRAGMENT 15 / ICONOGRAPHIE HISTORICO-POLITICO-ESTHETIQUE : ITINERAIRE BERLINOIS

FRAGMENT 16 / DEPASSER LES CONVENTIONS, RENOUVELER LES CODES

FRAGMENT 17 / SUPERMERCATO

FRAGMENT 18 / LE PRISME PHOTOGRAPHIQUE, « reGeneration3 »

FRAGMENT 19 / 1927-1928, UN MANIFESTE POUR UN STYLE DE VIE MODERNISTE

FRAGMENT 11 / NO COPYRIGHT

Milan

Guy Debord n'avait de cesse de chercher un sens à la marche du monde en démontrant combien la société était indubitablement « spectaculaire ». Il serait possible d'ajouter que cette quête permanente de représentation(s) en serait un dopant très puissant. Ce constat qui n'a pas valeur de jugement suggère la profusion productive de biens symboliques, porteurs de sens ou de non-sens, de passions collectives et de désirs individualisés, d'accumulation et de stéréotypes, de singularités et de révoltes. Par extension, il aurait été assez curieux de connaître le discours de Guy Debord si cela avait été possible, face à cette production, sorte de forêt exubérante qui est parmi d'autres l'une des caractéristiques du climat de l'époque, un marqueur des temps actuels. Un repère qui peut se lire comme une universalité fragmentée. Puisque sur ce territoire de l'art, de la représentation et de l'autoreprésentation, tout est en définitive question de lisibilité et de mouvements. De l'usage de l'art, il est clair les sociétés se nourrissent, générant enjeux, tensions, conflits et contradictions. Dans ce mouvement perpétuel, sorte de spirale multi-hélicoïdale, le mouvement est infini et multipolaire.

Questionnements ou tentatives de réponse, cette fonction de l'art, de manière permanente en suspension, abreuve les sociétés. Et si ce propos est situé sous l'égide de Guy Debord, c'est parce qu'au centre, il est surtout question de processus. Il n'y a pas d'âge d'or dans le rétroviseur ni devant le pare-brise, seulement ce mouvement absolument fascinant qui peut subjuguer et séduire, interroger et décevoir. Cependant, dans tous les cas de figures, il génère de puissantes nourritures émotionnelles, sensibles et intellectuelles. Sur ce territoire à haute valeur ajoutée, aussi bien paradoxal que surprenant de la production d'images quelle qu'elle soit, un ensemble d'enjeux sont à l'œuvre. Loin d'un catalogue raisonné, il s'agit d'interroger et de voir des lignes de fuite éparses et diverses, à ce puzzle étonnant que représente l'art dans son mouvement. Les choix sont subjectifs, les thèmes arbitraires, les images indélébiles. Elles jouent le rôle d'une focalisation.

La quadrature du cercle

Trois aspects interpellent immédiatement. En premier lieu, la fascination des images. Il n'y a jamais eu autant d'images à la seconde et leur lecture, leur codification et leur signification ou leur absence de signification autorisent et au-delà délimitent le liant social. En effet, pour toute société, il y a la validité d'une reconnaissance et d'une appartenance dans cette production de biens symboliques. L'image est certainement à nouveau dominante, protéiforme, déclinée sous des angles représentatifs d'autant de processus et d'enjeux.

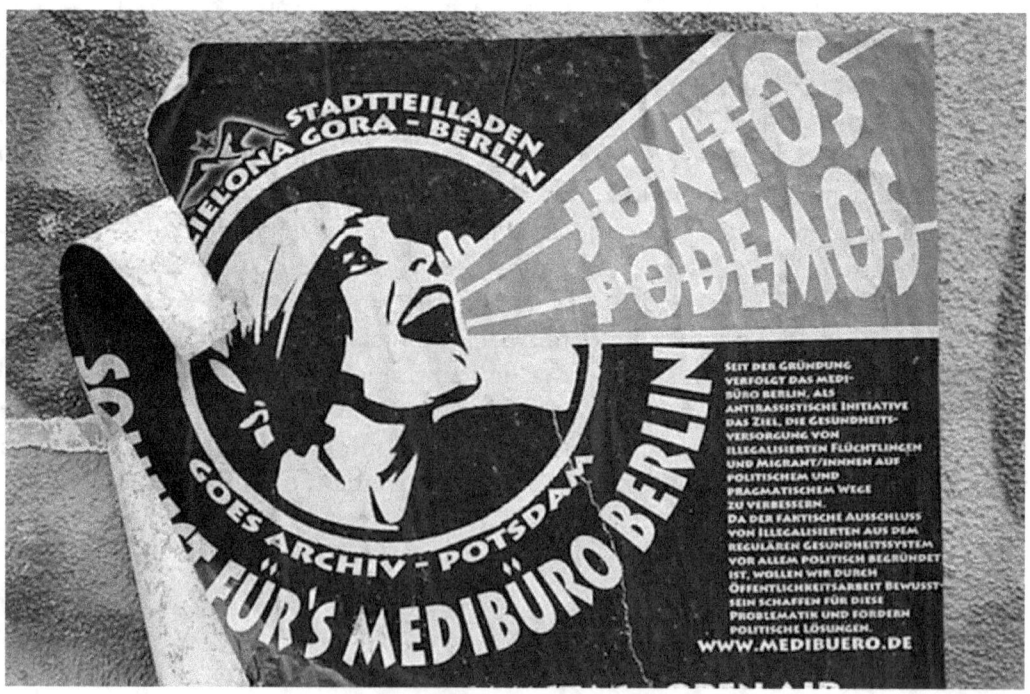

Berlin : affiche revisitée de A. Rodchenko

Du tag à la toile de maître, en passant par l'installation, la photographie, les réseaux et toute forme mixte d'expression que l'on souhaitera, le même processus avec ses connexions esthétique, politique, sociale, économique et culturelle est à l'œuvre. Ce qui est fondamental c'est bien évidemment la circulation de ces images. Il me semble bien que celle-ci domine l'image en elle-même. Le tri est quasi impossible à faire, donc la magie de cet échange permanent se trouve associée aux notions de hasard, de circonstances, de flux, de mouvements, d'immédiateté, d'instantanéité comme si le vrai repère n'était plus ce que l'on voit mais d'être dans la transe iconographique. Dépassement de l'icône, processus invasif, « homme nouveau » aurait pu dire un utopiste du XVIIIe siècle. Et c'est le troisième aspect qui m'interpelle. Comment se fait la part des choses ? C'est-à-dire la possibilité du choix, l'exercice de son goût et de sa curiosité. Miracle de l'accessibilité, jouissance d'une extrême liberté, distinction nécessaire. Il s'agit bien en effet d'une affaire individuelle reflétée dans le miroir de la société.

Le détail dans l'ensemble

Cette affiche d'une campagne publicitaire pour une marque de lingerie est exemplaire. La photo d'une femme est associée à une adresse, Rosa-Luxemburg Strasse. Ce raccourci, fruit d'un hasard (un emplacement géographique à Berlin) apparait comme particulièrement séduisant puisqu'il met en perspective le passage du XXe siècle au suivant en associant l'égérie spartakiste et une femme dont l'objectif est clairement de séduire, de retenir l'attention dans le but de vendre un produit. Le « pont » entre l'idéologie et l'esthétique, entre la modernité et la post-modernité, l'espace public et l'intimité, le combat politique et l'obsession marketing, semble assez incongru et fantastique si, de surcroît, nous nous arrêtons au slogan qui nous dit « rendre le monde fou. »

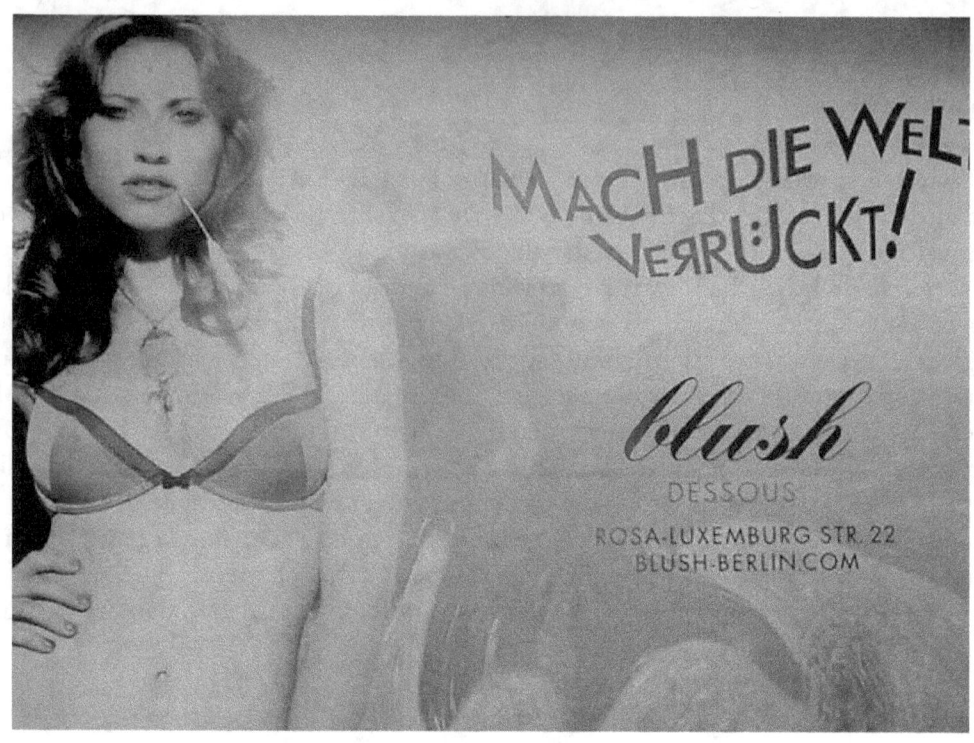

Berlin, campagne publicitaire

C'est un point de fuite inespéré qui traduit bien notre mise en perspective. Ainsi les trois éléments constitutifs de l'affiche créent un moment inattendu et suggestif. A rebours de toutes les interprétations, voilà une association fortuite pleine de niveaux dissociés. Cette affiche traduit pleinement l'idée qui sous-tend notre propos. Sur ce territoire particulier de l'image, s'il est question de perception et d'appréhension, il est aussi surtout question de décalages.

FRAGMENT 12 / DE L'EXOTISME…

Si l'exotisme a longtemps constitué une sorte de fantasme de l'Occident dans son rapport au monde, sa déclinaison a connu de nombreuses variantes et, au fil du temps, a gagné en épaisseur et en consistance. Prétexte à l'exemplarité philosophique et lieu de comparaison littéraire, l'exotisme décline des usages et des formes qui possèdent toujours une part d'ambivalence, de refus, de tentation et de désir. Au fur et à mesure que les voyages se développaient, l'exotisme connaissait des contours et des délimitations, souvent archétypales, parfois antinomiques.

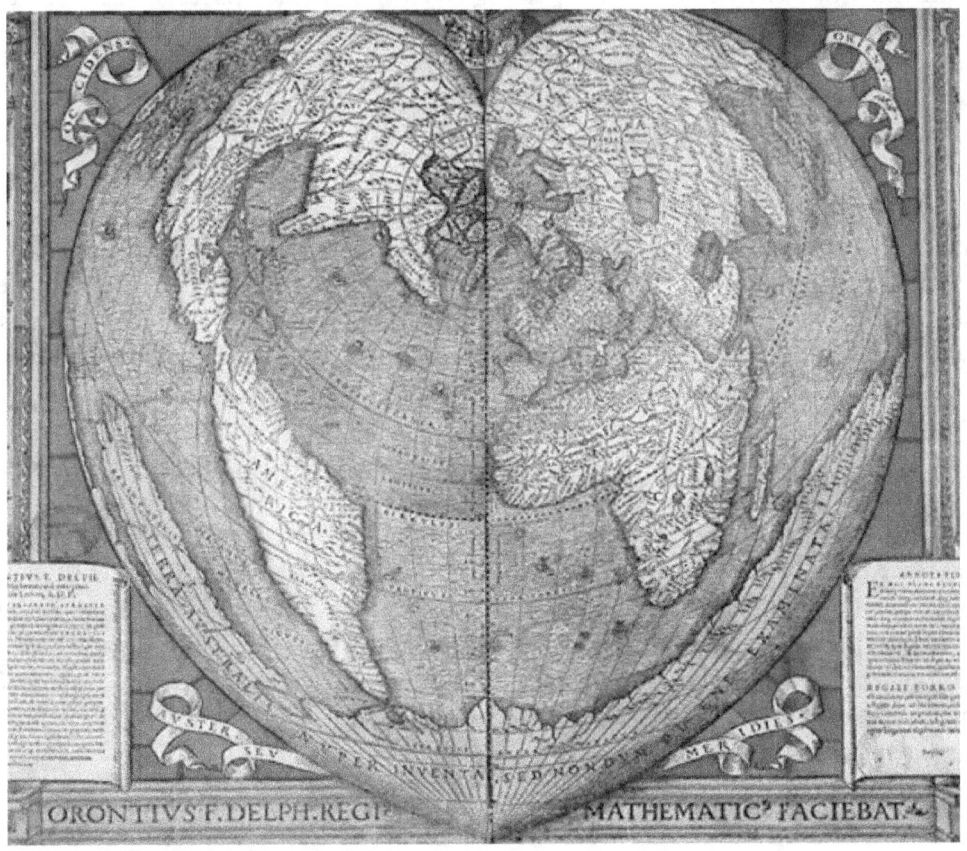

Oronce Fine, Mappemonde, Paris, 1534-1536,
Estampe : gravure sur bois, BNF

Si les grandes découvertes avaient permis de combler les « blancs » de la carte, elles donnaient aussi à voir des mondes rêvés. Ci-dessus, la Terra Australis incognita apparaît sur la mappemonde du mathématicien Oronce Fine, comme le pendant logique ou le contrepoids à l'hémisphère Nord. Avant le monde connu où supposé tel, il y a le monde incertain et les cartographes, mathématiciens et autres artistes et enlumineurs s'en donnèrent à cœur joie pour décrypter, décrire, inventorier et tenter de cartographier un espace dont ils n'avaient pas la maîtrise.

Souvent ils ne possédaient qu'une agglomération d'informations et des bribes de commentaires devant permettre d'organiser et de concevoir le monde accessible et inaccessible, au-delà de réinventer et de rêver un espace indéterminé. Mais justement, des informations circulent, des « mythologies » donnent des parcelles de l'ailleurs et de l'autre. Et au-delà la carte, il y a le terrain de la représentation. Derrière la carte, des univers fascinants exercent leurs pouvoirs. Un processus d'appropriation est à l'œuvre, et le monde connu trouve son parallèle dans les désirs de l'inconnu.

Louis XV n'hésite pas à faire représenter pour ses petits appartements privés de Versailles des scènes de chasses exotiques qui réunissent autruche, lion, tigre et autres éléphants et animaux singuliers et rares. Ce n'est pas dans la ménagerie royale toute proche que les peintres puisent leur inspiration mais dans les connaissances « livresques » acquises au fil du temps et jugées crédibles. L'art de la représentation ne se confond pas forcément avec la réalité visible.

Une réalité contemplée d'un bout à l'autre de l'Europe puisque des ménageries « garnies » d'animaux exotiques ont été créées en Espagne, en Angleterre et en Prusse notamment. Réservé à un usage « esthétique », l'ancêtre du zoo ou du jardin zoologique contribuait à nourrir la curiosité pour la nouveauté et l'ailleurs. Le prétexte des animaux exotiques montre assez bien la puissance que peut exercer un monde inconnu et les stéréotypes qui en découlent. Le thème, retenu par goût, est l'opportunité pour le peintre de montrer sa maîtrise et d'emmener celui qui regarde la toile dans un autre monde.

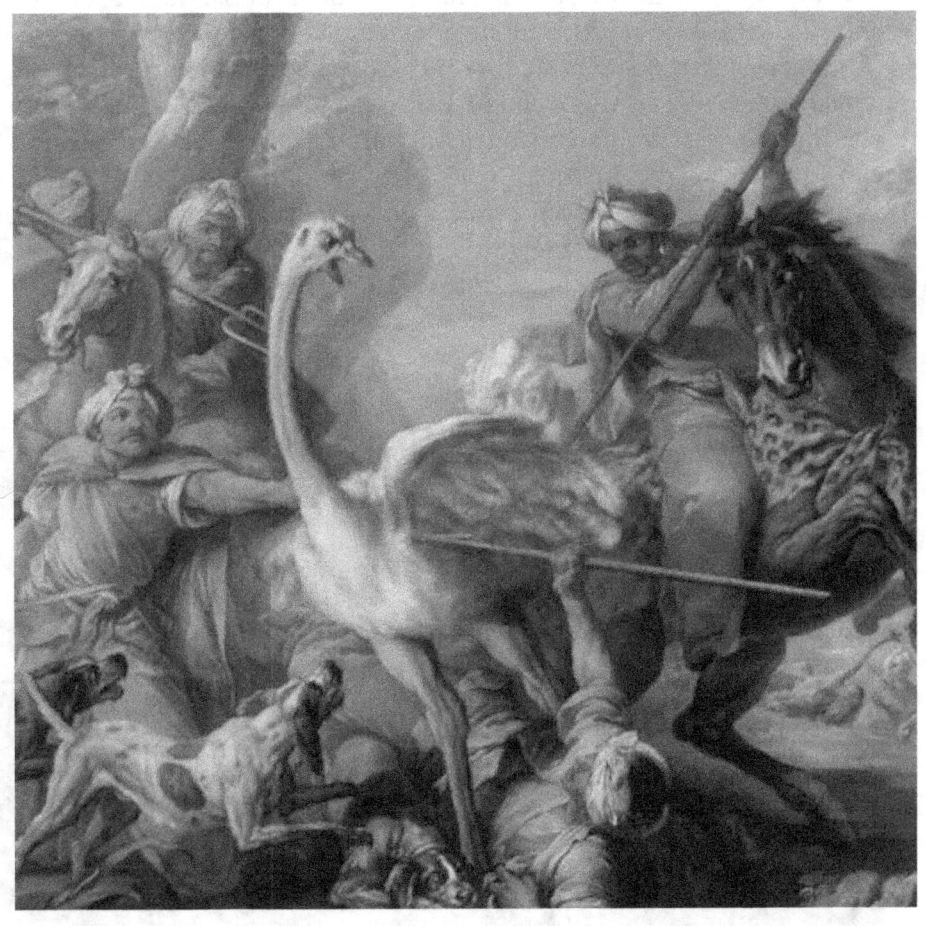

Carle van Loo, La chasse à l'Autruche, 1738, Huile sur toile, 183,3 X 128, Musée de Picardie, Amiens

Sous l'agressivité de la chasse, sous la brutalité de la mise à mort imminente, c'est une part d'exotisme qui est conviée : plumes blanches de l'autruche qui occupe le centre de la toile, turbans des cavaliers qui gravitent autour de l'oiseau, effets soyeux des tissus accentués par les muscles tendus, cheval cabré recouvert d'un harnachement félin, extrême tension des regards et concentration des protagonistes, trident et lances pointés. La violence de l'action se niche dans un décorum qui vise à traduire la réalité de la chasse, au-delà à repousser les frontières du monde habituel et routinier.

Toujours du côté de Louis XV, la marquise de Pompadour se fait représenter comme une femme turque renforçant ainsi les fameuses turqueries chères au siècle et prolongeant une alliance géopolitique fort ancienne avec l'Empire ottoman. La richesse des drapés, le volume et le mouvement des étoffes, la présence de l'esclave noire, l'espace clos qui rappelle le harem, tout concourt à provoquer le mystère, à susciter l'attirance et le désir. Une vogue quasi constante parcourt, de la fin du XVIe siècle au début du XXe siècle, l'Europe occidentale. L'attirance pour cet Orient de contes des mille et une nuits est manifeste. Il s'agit d'un univers qui se prête à bien des fantasmes et autres stéréotypes, mirages, préjugés, catégorisations et dérives.

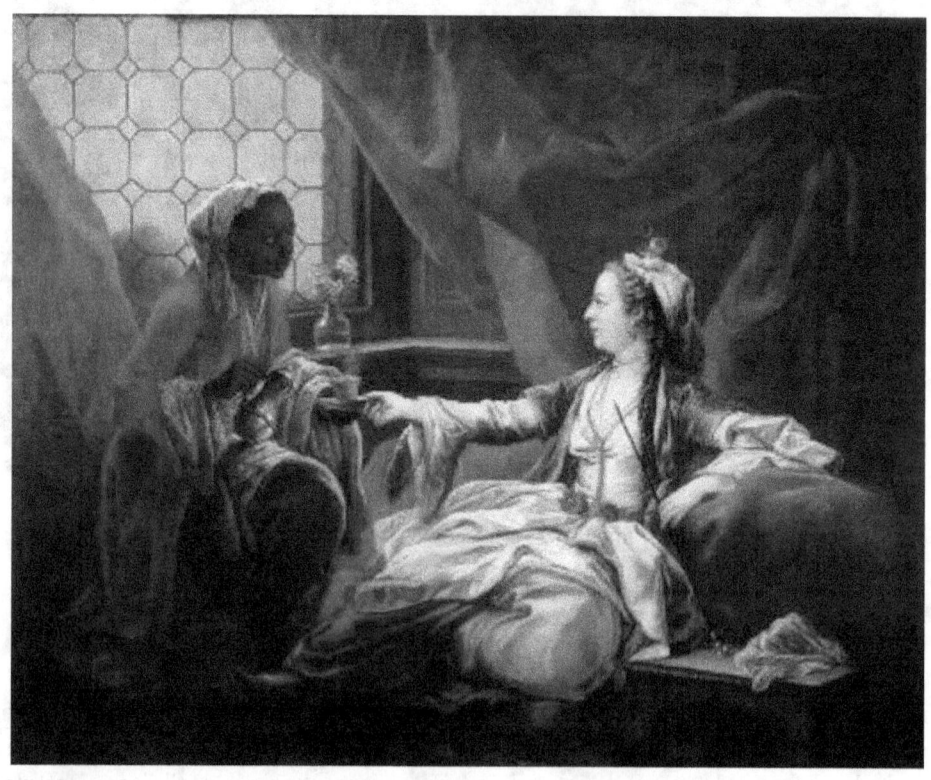

Carle Carle van Loo, Madame de Pompadour représentée comme une Sultane, 1747, Huile sur toile, 132 X 162, Musée des Arts décoratifs, Paris

Ainsi dans un mouvement perpétuel, des modes « exotiques » plutôt superficielles, décoratives et ornementales, se succèdent à un rythme soutenu. Les chinoiseries succèdent aux turqueries, l'égyptomanie annonce l'orientalisme, les japonaiseries précèdent la russomanie qui répond, afin de boucler la boucle, à une autre alliance. L'exotisme est cependant toujours maintenu à une certaine distance du centre, le noyau stable de la civilisation occidentale. De fait, tout questionnement plus approfondi reste impensable au risque d'un retour violent sur soi-même. L'exotisme égratigne pourtant légèrement l'Occident. Le vernis, la croûte ou la pâte qui enveloppent ce noyau commence à être attaqué. Ce qui signifie l'ambiguïté de l'appréhension occidentale, marquée par une attirance certaine pour l'Autre et sa volonté de tout maîtriser et de tout contrôler. En effet, l'exotisme comme indiqué est en-dehors, et doit d'une certaine manière le rester. Il constitue la périphérie ou les marges, parfois intrigantes, d'autrefois subjuguantes, souvent fantasmatiques. S'il permet de rêver un ailleurs possible, il doit à rebours fortifier les habitudes et les certitudes. Souvent décoratif et prétexte à un illusionnisme naïf, l'exotisme possède aussi sa dimension informative. Petit à petit, le monde s'inscrit en filigrane d'une perception jusqu'alors stéréotypée.

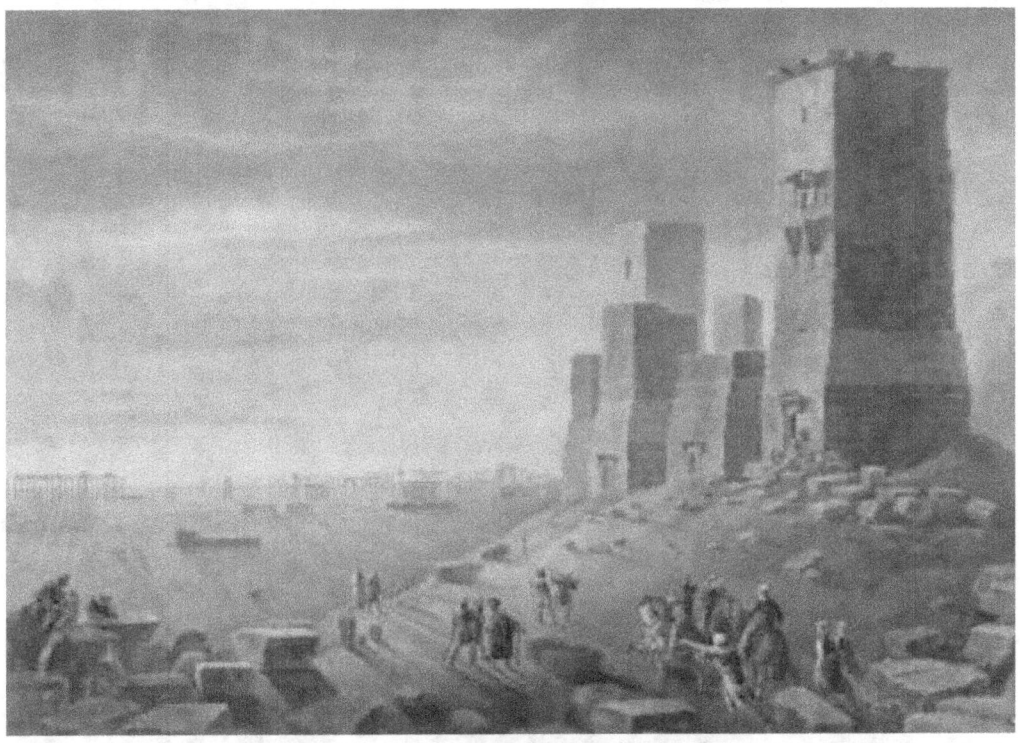

Louis François Cassas, Vue animée de la ville de Palmyre depuis la nécropole,
Aquarelle, Plume et encre, 64 X 88, 1821

Louis François Cassas (1756-1827) voyage au Proche-Orient, suite à l'invitation de l'ambassadeur français à la cour de Constantinople. Ses pérégrinations le mènent en Égypte, en Libye, au Levant et en Syrie. Il rend compte par de nombreux dessins et aquarelles de son périple et surtout, il met en scène le site de Palmyre qui renvoie à l'Antiquité, au désert et à l'Orient. Ses représentations animées, entre découvertes scientifiques et archéologiques, entre décorum antiquisant et orientalisme, invitent non seulement à la connaissance mais aussi à la rêverie. Palmyre représente une sorte de croisement de tout un héritage culturel et esthétique.

Une génération plus tard, l'Écossais David Roberts (1796-1864) fut également au Proche et Moyen-Orient. A l'instar de Louis François Cassas, il rend compte de son voyage en éditant six volumes contenant plus de 240 lithographies. Surtout, il représente Pétra, redécouverte en 1812 par le Suisse J.-L. Burckhardt alias Ibrahim ibn Abdullah. L'ouvrage lui assure une belle renommée et une grande notoriété. Le XIXe siècle est marqué par un flot continu de représentations connotées exotiques. Les suiveurs sont nombreux et les représentations oscillent entre fantaisies, descriptions des réalités ambiantes, caractéristiques sociales, styles de vie et vie quotidienne. Tout au long du XIXe siècle, l'ambition visant à reproduire la réalité dans un esprit photographique côtoie les plus belles extravagances, extrapolations et interprétations.

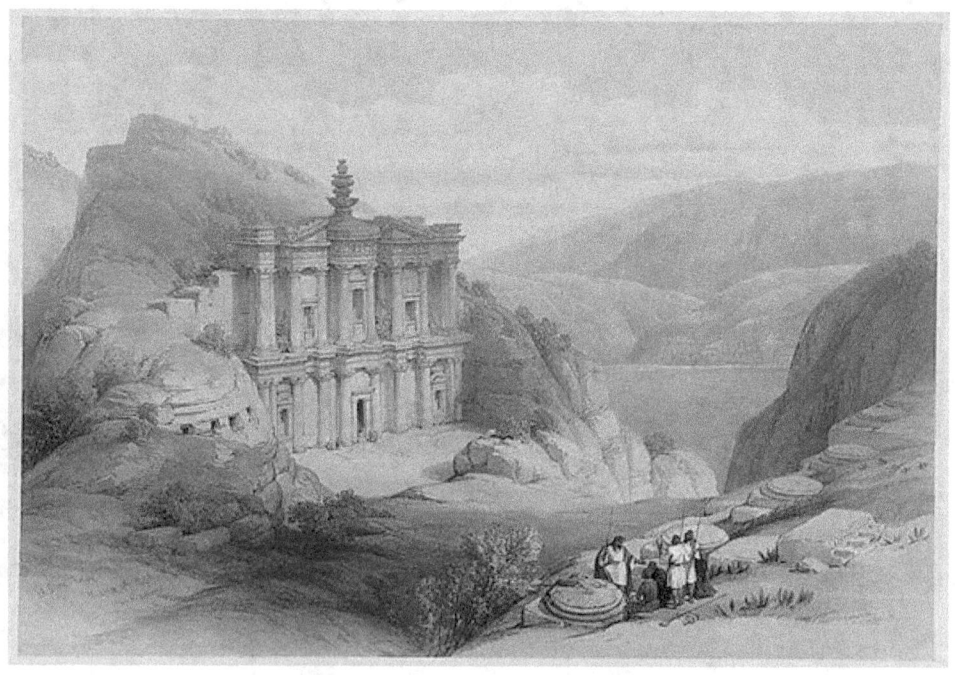

David Roberts, Pétra, 1839

De fait, dans un monde globalisé certains concepts perdent ou changent leur valeur d'usage, leur sens, leur force et leurs caractéristiques. Ainsi en est-il peut-être de cette notion archétypale de l'Occident dans sa compréhension du monde. L'exotisme marque cependant toujours, une forme d'appropriation concurrentielle. Selon les moments, il a pu être conçu dans un sens très restrictif, dans l'opposition entre l'Occident et le reste du monde ou alors dans un sens uniquement esthétique. En quelque sorte, dans son appréhension, partielle et partiale, l'exotisme démontre aussi une forme de curiosité, même si la manipulation n'est jamais loin. Vision esthétique ou romanesque, déformation historique ou altérité visionnaire, l'exotisme est un fruit bien singulier.

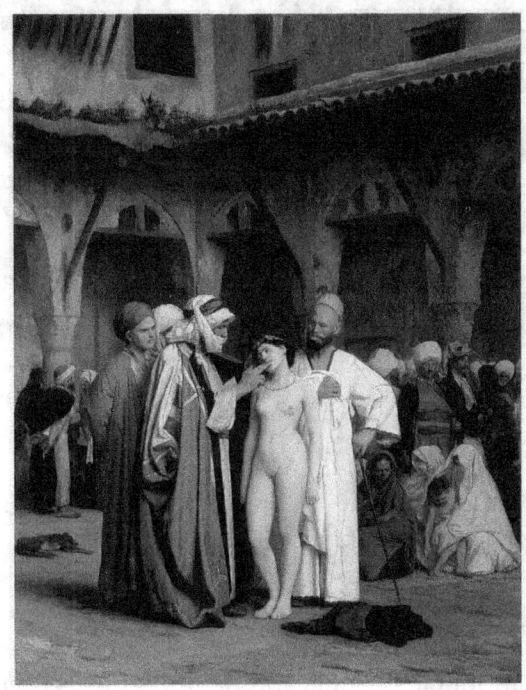

J.-L. Gérôme, Le marché des esclaves, 1866, 85 X 64, Clark Art Institute, Williamstown, USA.

FRAGMENT 13 / ANDREAS GURSKY : DE LA CONTREFACON COMME PERFECTION !

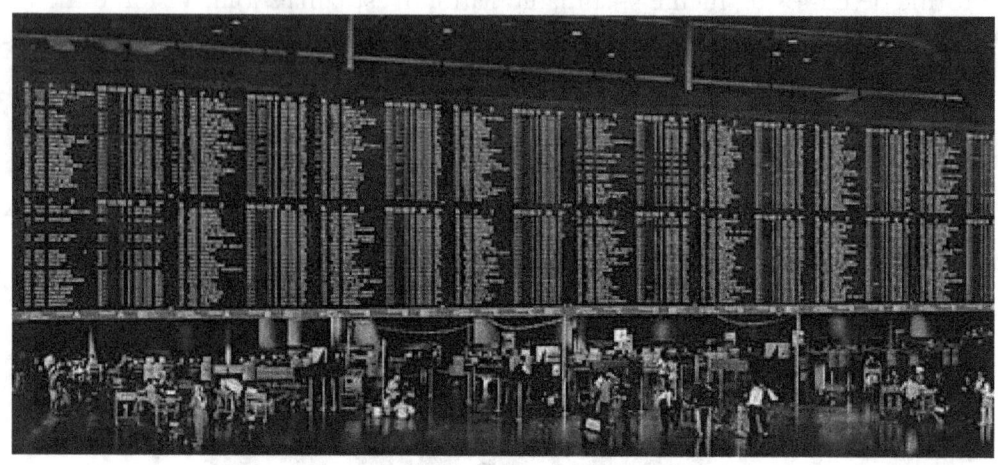

Andreas Gursky, Frankfurt, 2007, 237 X 504 cm (Andreas Gursky, VG BILD-KUNST, Bonn

    Le format est impressionnant. Dans sa frontalité, l'œuvre maintient à distance par son ratio hauteur-largeur et sa tonalité générale froide. Une ligne bleue faussement horizontale habite le regard. Elle divise l'espace en deux parties inégales. Les deux tiers supérieurs sont remplis de signalétique et d'encodage répétitifs qui s'affichent et semblent tombés en cascade. Un monde parfait, normé et organisé. Un monde limpide, efficace et rationnel. Le tiers inférieur perturbe l'agencement régulier de la partie supérieure. Il y a une sorte d'agrégation hasardeuse, chaotique, indistincte. Un séquençage aléatoire. Deux univers superposés tout à la fois complémentaire et antinomique. Rien de plus banal qu'un terminal d'aéroport. Rien de plus extraordinaire que son extrapolation. Il s'agit donc d'un aéroport dans son usage presque courant, routinier, anodin. Et à l'inverse, à proximité, on intègre le « terminal » et celui-ci est un peu particulier. Il s'agit maintenant d'une scène de genre revisitée. La réalité est quelque peu décalée. Du global au détail, il y a quelques éléments qui la modifient. Cette représentation n'est pas une copie d'après nature. Les terminaux sont mentionnés et réunis. C'est bien sûr un lieu improbable et sa décomposition puise dans une illusion de la réalité. Des rubans de sécurité sont haut perchés. Des canalisations sont étonnamment positionnées. Des chariots à bagages sont abandonnés. Le personnel de l'aéroport est quasiment absent. Il occupe seulement le centre de l'espace. Une affiche plutôt vintage fait sa promotion.

De loin, l'œuvre est une sorte d'abstraction. De près, c'est une fourmilière recomposée, entre années 1950 et post modernité. La lisibilité se fait divergente. La photo serait presque réelle, l'image produite est parfaite. La minutie opératoire est chirurgicale. Dans le travail de l'artiste, la maîtrise technique permet d'atteindre une perfection de l'image construite. La distanciation à son objet, son rendu quasi immatériel, son esthétisation outrancière modifient l'espace réel et subjuguent la perception. Le médium dépasse et transforme le sujet.

Quel que soit le thème, paysages urbains, espaces naturels, concentrations humaines, structures architecturales, manifestations populaires, la densité puissante qui se manifeste est captivante. L'objet iconique devient le lieu d'un dépassement sensible et d'un déplacement conceptuel. L'horizon est repoussé hors de ses limites. Dans le cadre formaté, une forte attraction et une fascinante expression s'exercent clairement. Dans la construction et l'appropriation de son objet, l'artiste joue des codes et des combinaisons. Sa maîtrise subjugue.

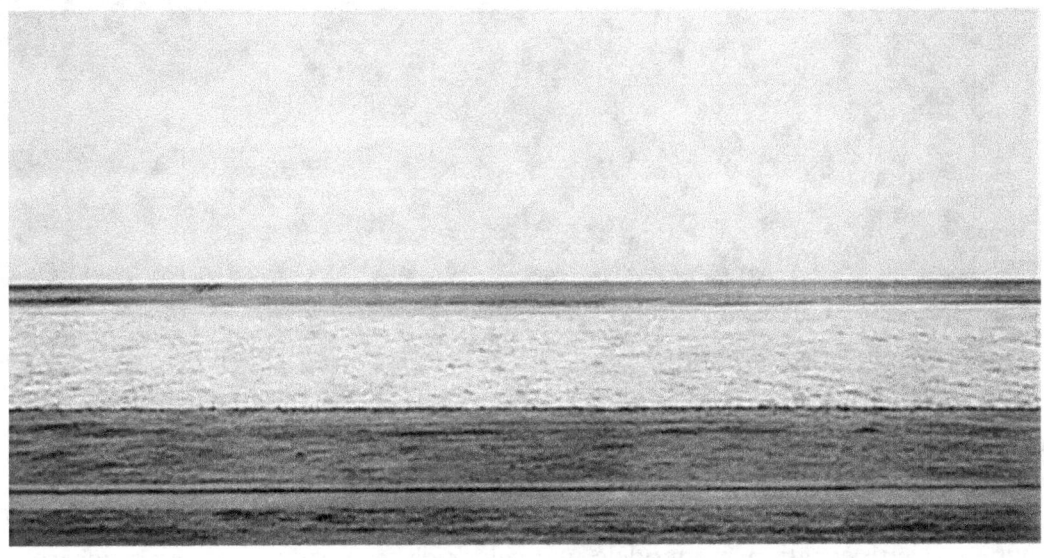

Andreas Gursky, Rhein II, 1999, 190 X 360 cm (Andreas Gursky, VG BILD-KUNST, Bonn)

FRAGMENT 14 / DE LA REPRESENTATION...

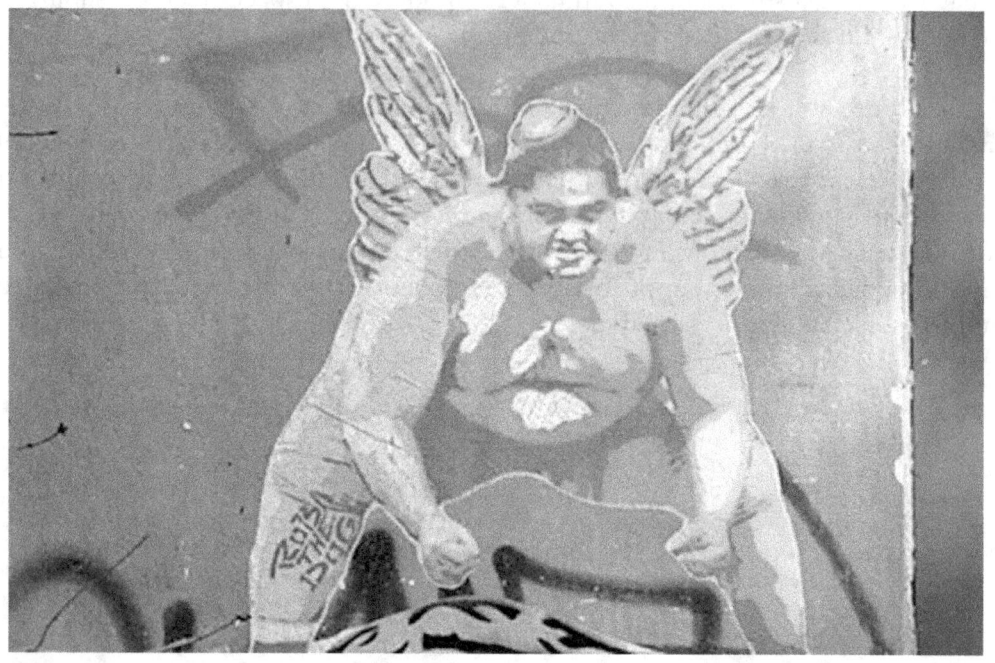

Sumo

Dans un monde globalisé où paradoxalement la totalité est de plus en plus fragmentée et spécialisée, certains concepts sont affectés par des processus de transformation plus ou moins radicaux. La mesure symbolique du monde qu'ils autorisent connaît des évolutions et des mutations remettant en cause l'équation qui les soutient. Cette équation qui modèle une valeur d'usage et de perception, incarne une mesure-étalon. Le sens du monde est ainsi toujours confronté à un équilibre instable. Ainsi en est-il peut-être d'une notion qui a forgé l'identité de l'Occident plus que d'autres dans son appréhension du monde. Quel que soit le biais par laquelle elle est envisagée, l'idée de représentation est une sorte de réceptacle qui fait office de miroir. Mais un étrange miroir à facettes, parfois strictement délimité, souvent déformé qui renvoie une image ambivalente constituée autant de certitudes que d'incertitudes. Ce qui en délimite le territoire est bien entendu sa dimension de bien symbolique, qui constitue une sorte de partage sociétal, point d'ancrage d'une identité à construire ou à déconstruire.

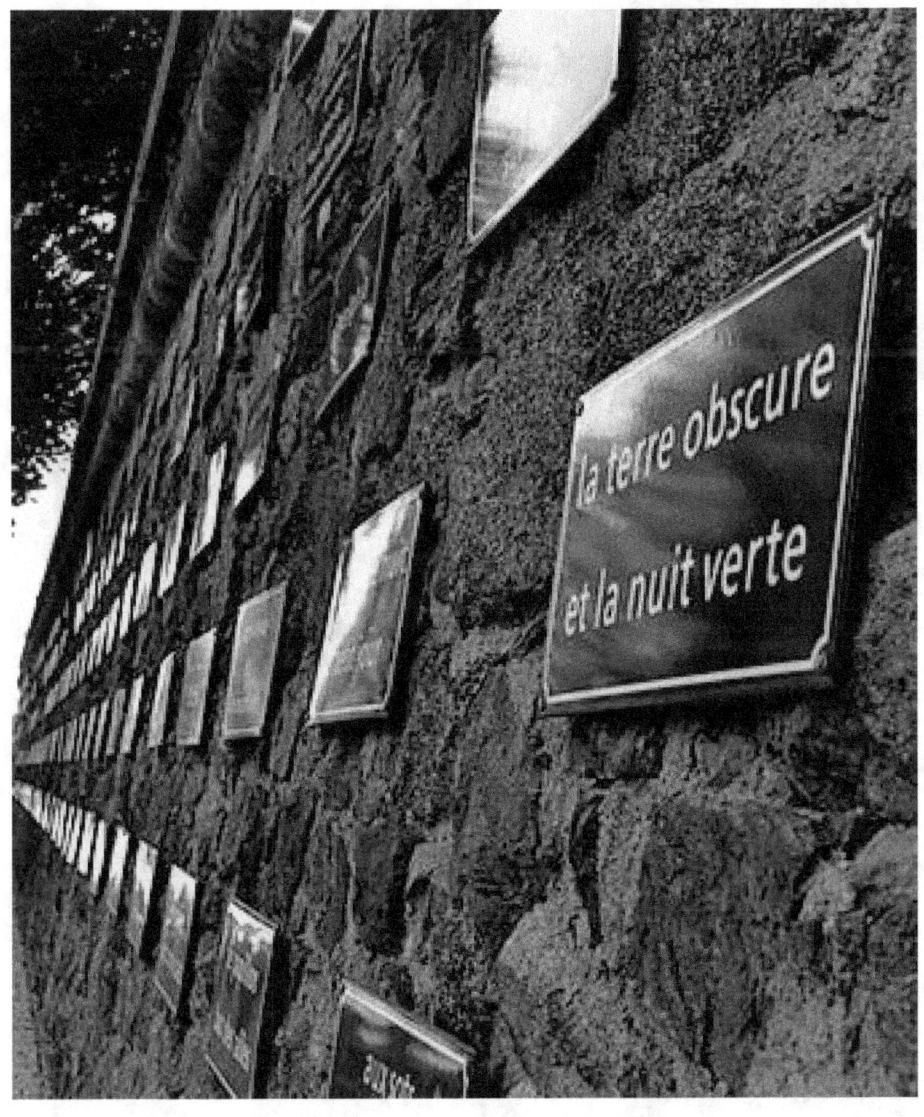

J. Tarade, Les remparts de Sélestat (d'après les plans de Vauban), 1675-1691, Sarkis, Le rêve, 1993

Cette dimension critique est emblématique de cet espace symbolique. A ne considérer que quelques paradigmes, il suffit de constater et de sous-entendre l'évolution de différentes problématiques relatives à la sociologie ou à l'histoire de l'art. Ainsi qu'en est-il de la manière de montrer et d'exposer une « œuvre » ? Qu'en est-il également du statut de l'artiste ? De l'action du commanditaire, entre sphère privée et espace publique ? De l'interprétation qui ouvre débats et questionnements ? De la notion de patrimonialisation ? De la délimitation en elle-même d'œuvre d'art ? De sa reconnaissance, de sa distinction, de son institutionnalisation, de son instrumentalisation ? Pour être clair, si le chantier est infini et toujours en mouvement, ce dernier connote aussi l'identité et la réalité d'une société. C'est le point très sensible et stratégique de la valeur de l'art, entre expression, appropriation et représentation.

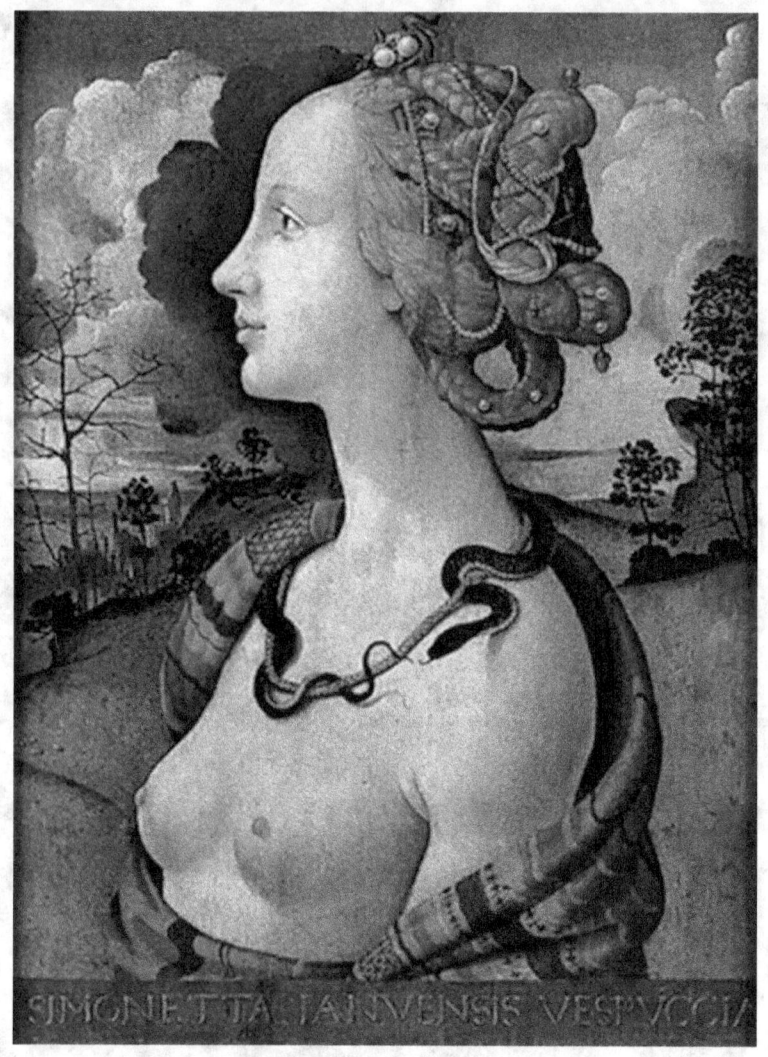

Piero di Cosimo, Portrait de femme (S. Vespucci), circa 1480, Huile sur toile, 57 X 42 cm, Musée Condé

Appréhender la notion de représentation dans ses mouvements, ses évolutions et ses ruptures permet de dresser le portrait fantasmatique de l'Occident. L'obsession occidentale de la représentation est en quelque sorte une superposition de couches, une stratification qui donne à lire. Mais cette lisibilité est elle-même conflictuelle parce que sujette à caution. Significativement jusqu'à la modernité le questionnement fondamental a tourné autour d'un enjeu simple qui a prédominé depuis la première Renaissance, à savoir une sorte d'affrontement entre un idéal de beauté et un idéal de réalité.

L'affrontement peut aussi être tentative de conciliation. Les primitifs italiens qui renouvellent l'idéal de beauté, dans une volonté de dépassement des canons esthétiques du Moyen-Age et de redécouverte d'une antiquité classique, dégagée de sa gangue religieuse, répondent aux Flamands pour qui la notion de Beau puise sa source bien davantage dans la représentation de la réalité.

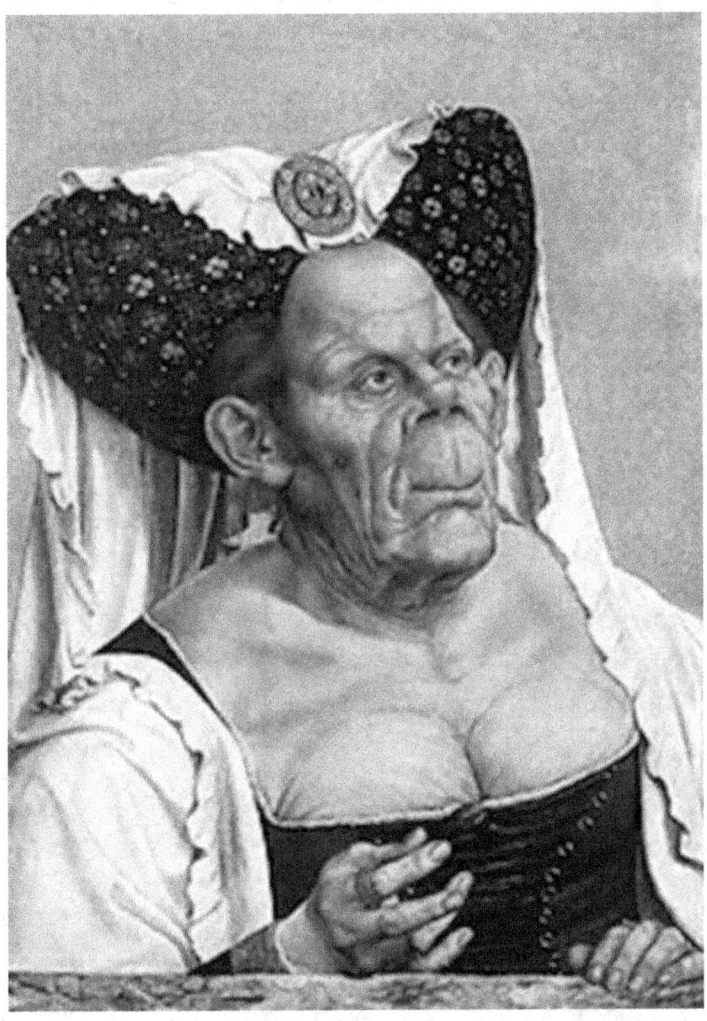

Quentin Metsys, Portrait d'une vieille femme, circa 1513, Huile sur bois, 62,4 X45,5 cm, Londres, The National Gallery

Ce face-à-face qui domine toute la Renaissance connaît bien évidemment nombre de subtilités, de croisements, d'emprunts et d'échanges. Les Italiens ne restent pas insensibles aux tentatives du Nord et les Flamands sont curieux des expérimentations italiennes. Cependant, les Flamands et les Italiens se distinguent sinon par le sujet du moins par le principe qui sous-tend leur ambition esthétique : le beau au service du vrai et la réalité comme expression de la vérité.

Sous ce double appareillage, la construction du tableau et la manière sont éprouvées de façons bien différentes. Bien souvent la peinture italienne subjugue le monde quand la peinture flamande le critique. La lumière, les mouvements du corps et l'anatomie, l'usage d'éléments architecturaux et naturels dans le tableau, sa composition, les questions de proportions et de perspective sont au service de cette double et contradictoire vocation. Toutes les strates de la peinture occidentale jusqu'au tournant de la modernité sont placées sous le signe de cette dualité. Cette question du Beau ne trouve sa résolution que lorsque tout simplement se produit l'abandon de l'idée dominante qui se résume d'une certaine manière à l'imitation de la nature. Alors tout devient possible et les limites du cadre de la représentation sont définitivement repoussées hors-les-murs.

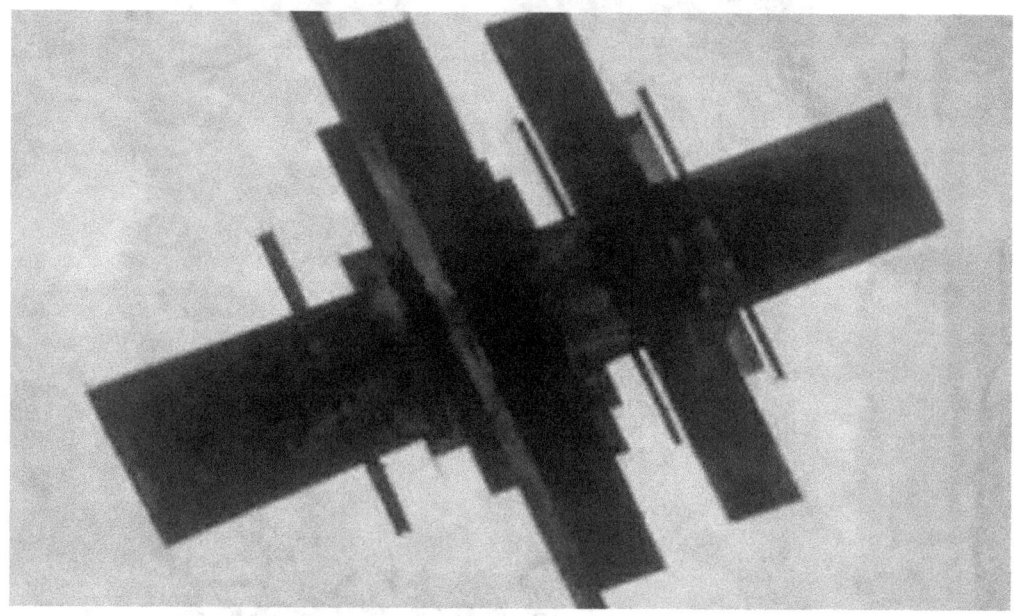

G. Tchachnik, Composition suprématiste, 1925-1926, Aquarelle sur papier, 25 X 31 cm

Dans son nouvel habit, la représentation est au-delà d'elle-même, devenant processus. Pendant environ six siècles, la peinture comme espace de représentation s'est débattue dans un champ relativement restreint repoussant les limites, rejetant des conventions, bannissant les codes, inventant de nouveaux ressorts, mais toujours à l'intérieur d'un cadre donné et fondateur. Cette trajectoire possède ces moments étonnants et fulgurants.

La résolution de questions techniques autorise à chaque tournant la conquête d'une plus grande liberté. Parce que ce qui est en jeu est bien d'assurer un espace émotionnel et intellectuel libéré de la tyrannie des conventions. Dans cet itinéraire qui change les codes, il s'agit bien de rendre l'ordonnancement du monde possible. L'appréhension des méandres subjugue l'effroi et le dépasse.

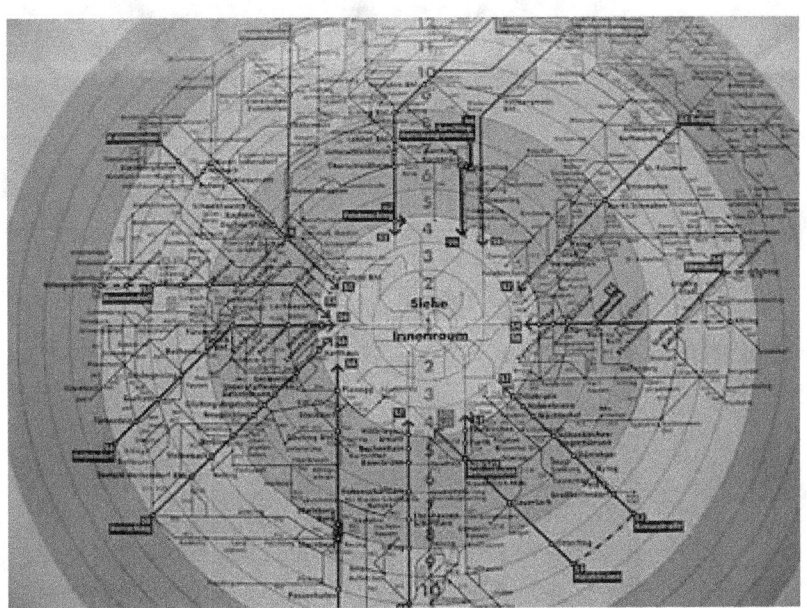

Plan

FRAGMENT 15 / ICONOGRAPHIE HISTORICO-POLITICO-ESTHETIQUE : ITINERAIRE BERLINOIS

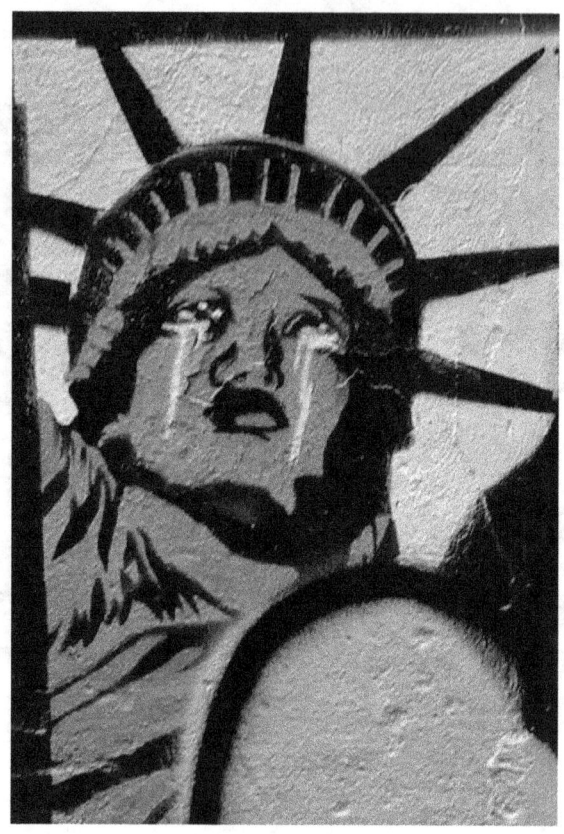

Icône

L'espace urbain génère des associations improbables, joue des partitions dissonantes, propose des séquences « distrayantes » de nature historico-politique et esthétique. Des juxtapositions fortuites rencontrent des messages clairement engagés dans une sorte de cocktail qui interroge l'élasticité du temps, l'esprit d'une société et le combat idéologique. Lequel se matérialise nécessairement sous des formes symboliques. Le pouvoir possède comme nécessité de se revêtir de symboles. Son assise s'appuie toujours sur la création de repères et de valeurs iconiques à motivation d'identification, de reconnaissance et d'appartenance. Sa partition est clairement exclusive ou inclusive, mais certainement pas neutre. De même, les contre-pouvoirs se nourrissent d'icônes détournées, utilisées souvent à contre-emploi. Espace hasardeux, parfois chaotique, souvent étonnant, l'espace urbain alimente les fantasmes, les réalités sociales, les idées politiques.

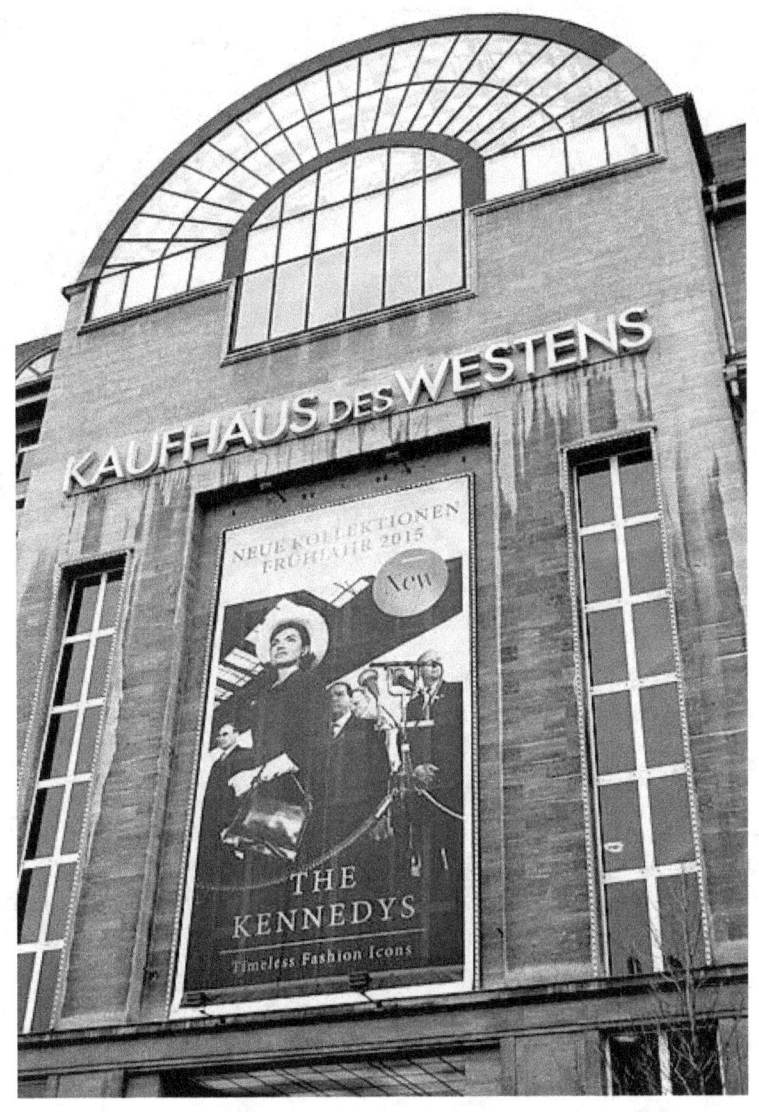

KaDeWe, Grand magasin emblématique de Berlin-Ouest

En 2015, le Kaufhaus des Westens, grand magasin emblématique de l'ancien Berlin-Ouest, se place sous l'effigie revisitée des Kennedy. Abrégé en KaDeWe, ce grand magasin, fondé à l'aube du XXe siècle, est un symbole à entrées multiples de la capitale allemande. Symbole au début du XXe siècle de nouveaux modes de consommation, il représente durant la guerre froide une sorte de temple consumériste, versant occidental. La promesse du paradis doré contre l'aube rouge. Dans la confrontation qui marque les années de la partition allemande, l'Ouest se glorifie dans cet espace, montrant d'une certaine manière que l'utopie capitaliste est réalisée ou bien en marche. L'affiche dédiée aux Kennedy représenterait en quelque sorte l'aboutissement d'un processus. La boucle est bouclée. Subsisterait la version chic, iconique et paradoxale de la lutte des classes.

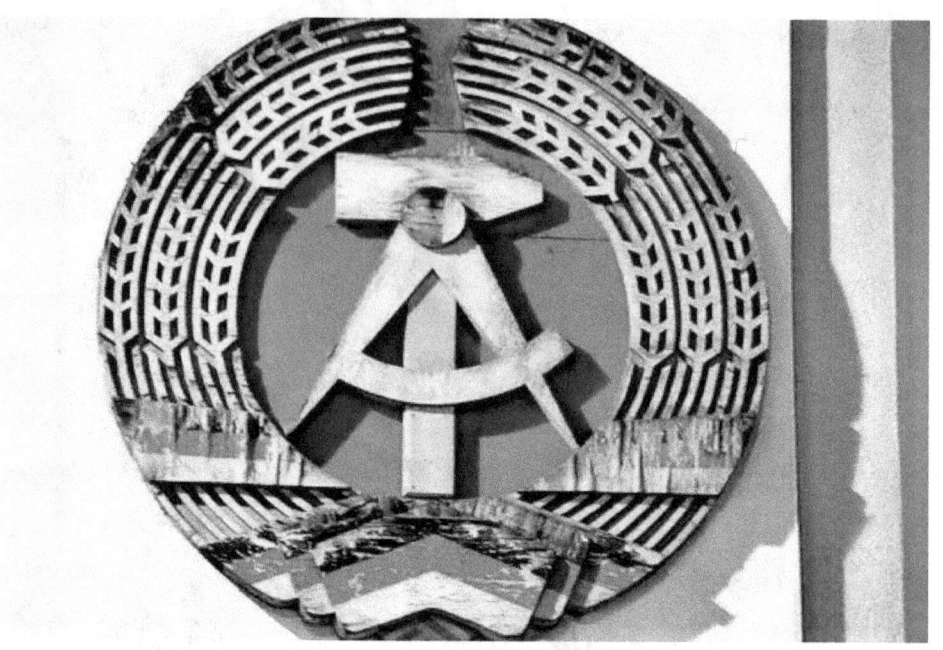

Armoiries de la République démocratique allemande

Une lutte des classes que la nomenklatura à l'Est matérialisait à l'aide d'un marteau enchâssant un compas, au centre d'une sorte de couronne d'épis de blé. Les armoiries de l'ancienne République démocratique allemande nourrissaient un projet universel d'union des ouvriers, des paysans et des intellectuels. Riche symbolique visant à l'unité et à l'engagement des forces vives du nouvel État vers un destin commun, prédéterminé et connu. On retrouve de nos jours, ce symbole d'une grande illusion sous des formes mercantiles, à usage de marketing et de communication. Là encore les systèmes s'emboîtent et se récupèrent. Si les États meurent, restent toujours leurs symboliques à usage divergent.

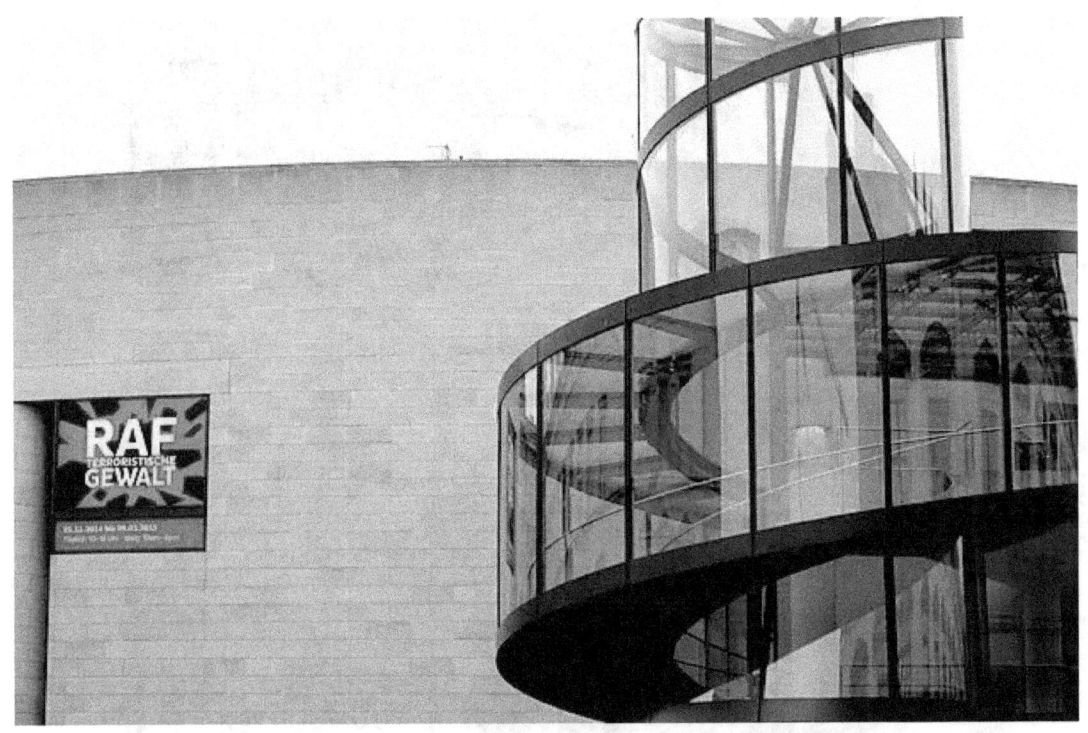

Exposition RAF, Musée Historique Allemand

Si l'institution muséale officielle a pour vocation de délimiter un credo ou un socle commun, le Musée Historique Allemand rouvre le débat des années de plomb. L'action directe de la Fraction Armée rouge est reconvertie. Elle nourrit un essaim de questions sur les réalités historiques, l'interprétation et la mise en scène du passé. Le Musée Historique Allemand prend souvent les risques d'une exposition dérangeante, questionnant les ruptures, les ambiguïtés et les faillites systémiques. La distance des faits rend possible le discours sur les faits. Le temps a passé. Les combats ont changé. Peut-être.

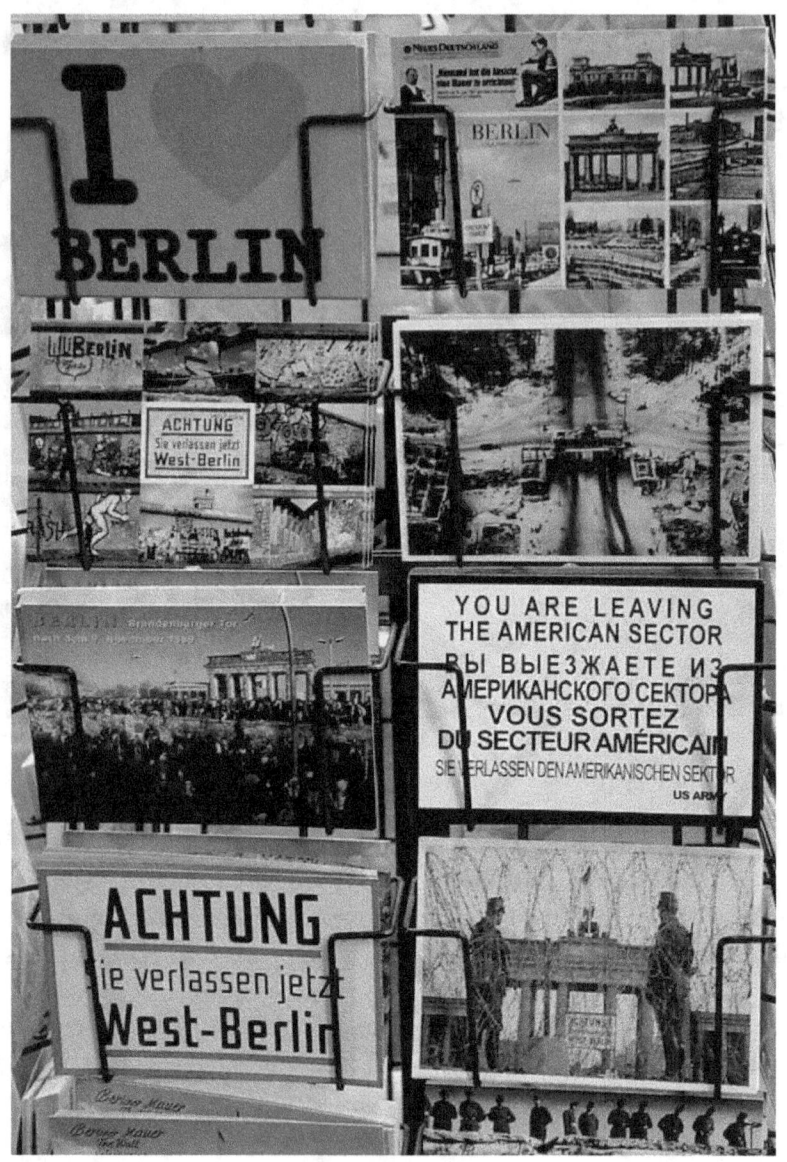

Rozenthalerplatz

Parfois, l'histoire se résume au détour d'un kiosque. Elle est « valorisée » sous forme de cartes postales mais donne aussi à voir des raccourcis qui peuvent être évocateurs. Le passé s'envoie en l'air. Les moments violents frappent les esprits. Au temps de la réalité virtuelle, c'est comme un dinosaure qui aurait perdu son sens de l'orientation. L'histoire comme espace-temps absolu devenu totalement inadéquate et obsolète. Matière à réflexion sur des fantasmes et des illusions qui courent encore et toujours.

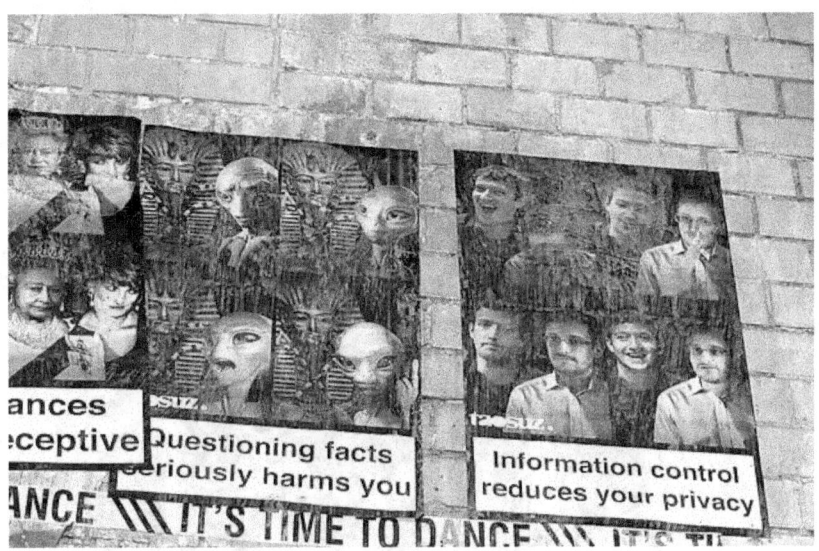

Icône

Le présent n'est jamais loin et recouvre les murs. Le pouvoir et l'autorité ont leurs contre-pouvoirs. La censure enfante la contestation. La violence d'état nourrit la révolte. Les messages sont des instantanés qui démontrent l'absurdité, démontent les rouages du Léviathan, troublent les certitudes, arrachent au système des lambeaux de chair. La trajectoire de la balle semble rectiligne. A la fin, la ligne est une fracture. La balle ne connaît pas de frontière. Le présent est entêté, toujours accrocheur, toujours plus radical. C'est un scalpel. Il dépasse toujours l'horizon. Il dicte sa vérité.

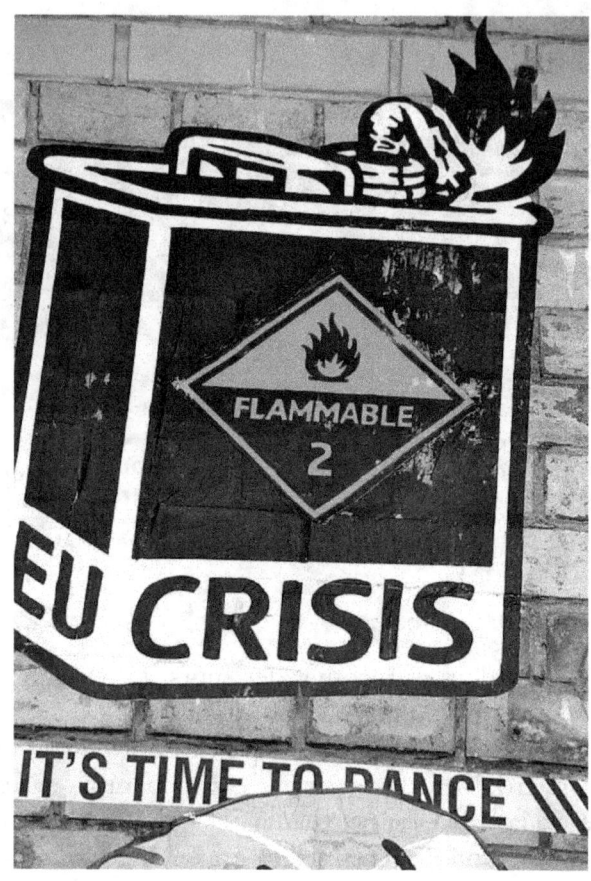

L'air du temps

Les classes sociales sont tombées en désuétude. L'argumentaire qui avait façonné plus d'un siècle de lutte est vétuste. Le présent se projette dans le futur. Il bondit de crise en crise. Personne n'avait raison. Si les murs se dressent invisibles, ils n'en restent pas moins des murs palpables. Il est rare de tomber nez-à-nez avec un mirador en plein cœur d'une ville. Désaffecté, il livre sa métaphore comme quintessence d'un univers absurde. Totalitaire. Politique, esthétique, expressive, nonchalante, innovante, dynamique, officielle, révoltée, contestataire, partagée, emmurée, laborieuse, glamour, sexy, ouverte : Berlin est la ville des confluences. Le mélange et la liberté des expressions qui s'y rencontrent sont fascinants et autorisent des itinéraires insolites et cosmopolites.

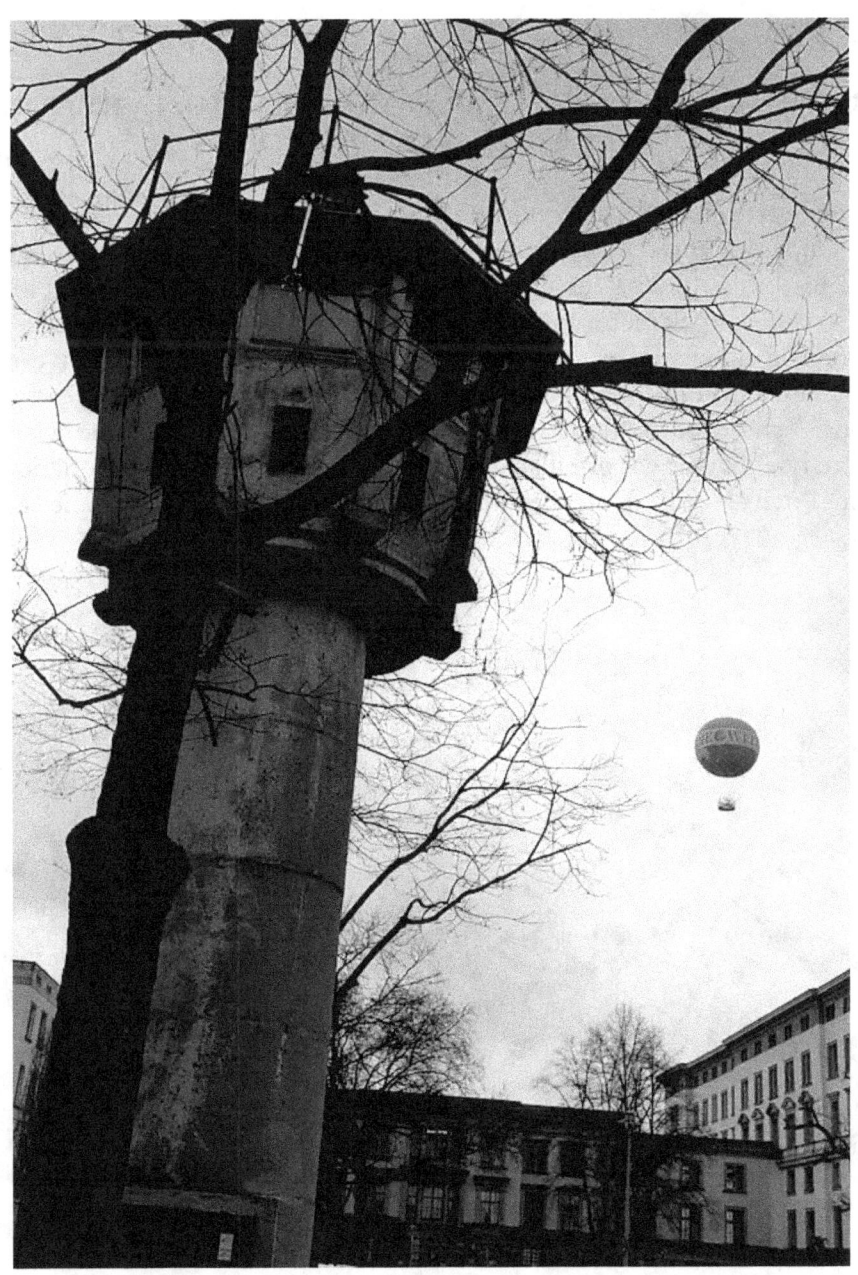

Mirador, Postdammer Platz

FRAGMENT 16 / DEPASSER LES CONVENTIONS, RENOUVELER LES CODES

C'est une vaste étendue, assez morne et peu accidentée. On imaginerait aisément, en d'autres temps, les anciens marécages, les crues du fleuve, l'insalubrité, les famines et les épidémies. Aussi la chaleur étouffante de l'été, le froid humide et le brouillard de l'hiver. On songe également au labeur des hommes pour s'adapter à ce contexte, le transformer, le domestiquer. De nos jours, la nature a été largement domptée. Des rizières se laissent voir à des kilomètres à la ronde. Un chapelet de fermes souvent à l'abandon s'échelonne le long des routes secondaires. C'est une vision un peu particulière que de voir ces grands cubes se délabrer indiciblement au fil des années. La plaine du Pô n'est pas d'une beauté transcendante. On y goûte une sorte d'ennui paysager.

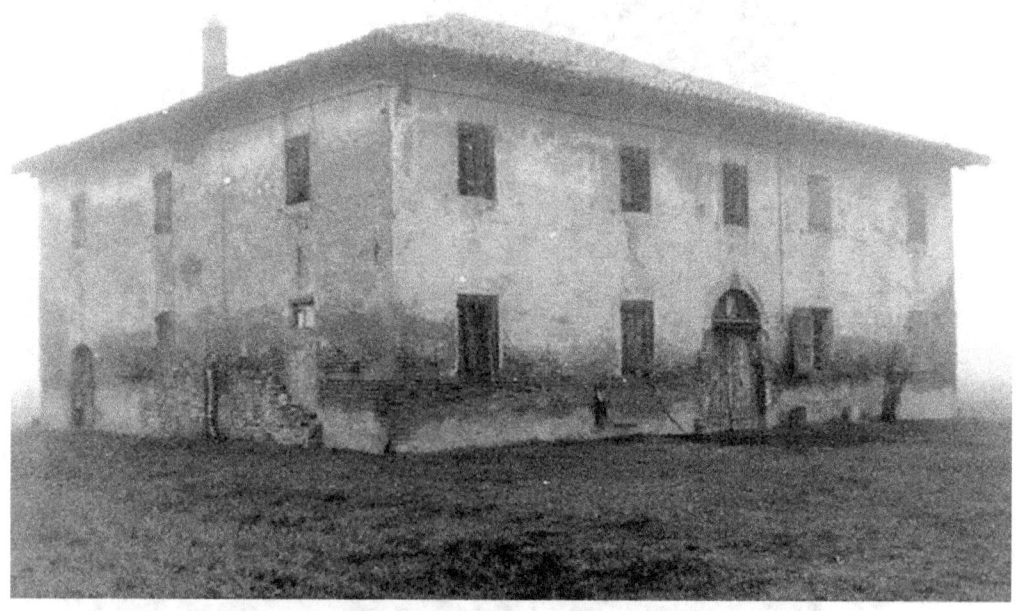

Plaine du Pô, Émilie-Romagne, domaine agricole abandonné

Et pourtant, il existe une sorte de triangle d'or dans cette région jadis insalubre jalonnée par le Pô. Les côtés de ce triangle seraient quasi équidistants. Les trois sommets représenteraient à chaque fois une singulière pépite. Padoue, au sud du Veneto, Ferrare, au nord de l'Émilie-Romagne et Mantoue au sud-est de la Lombardie constituent les trois pointes de ce triangle. Les trois villes ont joué tour à tour ou simultanément un rôle étonnant dans la genèse des formes d'art en Italie et par extension en Europe. Ce petit triangle entre mer et montagne a innové, créé et réinventé à tour de bras les repères esthétiques de la fin du XIIIe siècle aux premières années du XVIIe siècle. Elles ont été des lieux d'expérimentations urbanistiques, scientifiques, architecturales et artistiques sachant rompre avec la tradition. Le contexte géopolitique a indéniablement joué un rôle prépondérant dans la manifestation et l'expression de nouvelles formes esthétiques.

Le système des cités-états italiennes, associant un centre urbain et son territoire a permis de renouveler sans cesse les canons de la pensée et de l'art. Trois aspects ont été prépondérants dans cette genèse et se complètent en permanence. En premier lieu, la rivalité territoriale, militaire, dynastique, bourgeoise et économique des cités. Ensuite, les échanges de toute nature ont été continus, incluant la circulation des idées et des personnes. Enfin, l'héritage classique gréco-romain n'était jamais loin comme source d'inspiration. Le facteur primordial reste la concurrence économique de ces différentes cités protégeant chacune leur aire territoriale et en conséquence leurs sphères d'influence. Padoue la première exprima une grande indépendance (Université del Bo fondée en 1222) mais se fit rapidement manger par la République de Venise. Si d'un point de vue politique, la ville perdit son indépendance au profit de la Sérénissime, en terme d'idées, de sciences et d'art elle resta prolifique. Il suffit de mentionner Giotto, Copernic et Palladio. Tous les trois représentent dans leur domaine d'activité des esprits révolutionnaires, au sens où ils ont donné de nouvelles clés de lecture et d'interprétation. A contrario, Ferrare et Mantoue préservèrent leur indépendance politique en jouant des alliances et se positionnèrent comme fers de lance d'un renouvellement artistique et urbain qui ne se limita pas à l'Italie. Il existe une sorte de filiation entre les trois cités. En accueillant Giotto, Padoue a changé l'art de la représentation. Biaggio Rossetti, à l'instigation des Estes à Ferrare, a transformé l'idéal urbain et l'idée de palais. Alors que les Gonzagues à Mantoue, en faisant venir Giulio Romano, lui permirent de dépasser les canons esthétiques de la Renaissance classique. Bouquet final de ce feu d'artifice, Sabbioneta représenterait alors une ultime tentative et une sorte de conclusion à ce mouvement permanent.

Padoue ou le mouvement perpétuel

Bien que politiquement partie intégrante de la République de Venise, Padoue occupe une position particulière dans le mouvement des arts et des idées. A la charnière des XIIIe et XIVe siècles, la ville accueille Giotto, Dante et Pétrarque. Le XVe siècle y voit exercer Mantegna et Donatello. Un peu plus tard, Copernic y fit un passage. Au XVIe, l'Orto botanico et l'amphithéâtre anatomique sont créés. Les sciences naturelles et la médecine y connaissent une heure glorieuse. Palladio y débute sa carrière. Les conséquences de son travail d'architecte sont pérennes. Enfin Galilée donna des cours à l'Université après 1590. Le centre de décision politique étant à Venise, c'est Padoue qui occupe la place de centre intellectuel et artistique de la République. Au sens, où la Sérénissime développe un art somptuaire alors que la ville vassalisée s'oriente vers une dimension beaucoup plus expérimentale. Les sciences empiriques, notamment la botanique, l'astronomie et l'anatomie y trouvent une place privilégiée comme si la ville constituait une bulle hors du temps dans une Europe portée par des guerres religieuses et des querelles dynastiques. La ville possède une dynamique particulière qui la situe sur plusieurs fronts de la pensée et de l'art. Surtout, elle se trouve à la jonction de bien des révolutions esthétiques et mentales dont la chapelle des Scrovegni est emblématique.

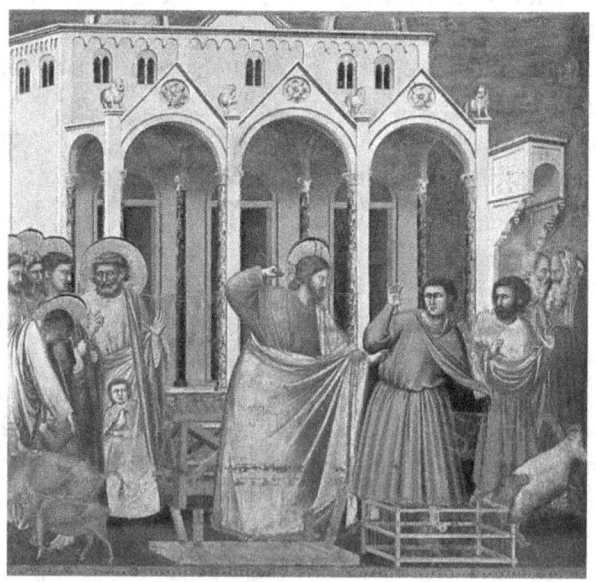

Giotto, Chapelle des Scrovegni, L'expulsion des marchands du Temple, circa 1305

La petite chapelle des Scrovegni à Padoue abrite un ensemble de fresques dues à Giotto. L'artiste qui a exercé son talent du nord au sud de la péninsule est reconnu comme étant l'un des plus éminents protagonistes des débuts de la Renaissance italienne. Son art de la représentation qui intègre l'émotion et l'expression des personnages est bien évidemment innovant et particulièrement lisible dans ses crucifixions. Même si par certains aspects Giotto conserve parfois un pied dans la tradition artistique antérieure (usage des arrière-plans dorés), il rompt radicalement avec les canons en usage. Un petit détail est toujours parlant puisque l'une des problématiques de la Renaissance en ses débuts est l'intégration et la bonne disposition d'éléments architecturaux. Et justement, les fresques de la chapelle montrent la mise en forme d'éléments architecturaux. Ce qui apparaît clairement c'est la tentative de Giotto de dépasser la dimension purement symbolique de la représentation architecturale. En effet, si certains bâtiments conservent une représentation à la manière byzantino-romano-gothique, notamment pour des questions de (dis)proportions, de profondeurs, de mesures et d'allégorisation de l'objet représenté, il y a par ailleurs, des caractéristiques qui constituent l'essence même de la Renaissance : des bâtiments identifiables et singuliers, la volonté de représenter à l'échelle, la tentative de donner une mesure réelle de l'objet peint, enfin une certaine perspective et profondeur. Ainsi, en considérant seulement une dimension, qui semblerait somme toute secondaire des fresques de la chapelle des Scrovegni, les sources de la peinture européenne, entre le beau et la réalité, y sont distinguables. Si Giotto officie comme un pont entre le Moyen-Age et la Renaissance, il incarne aussi quelque-part un liant entre les deux principes sous-jacents de la vérité en art, le beau ou le vrai, qui ont divisé le Nord et le Sud, c'est-à-dire l'Italie et les Flandres tout au long des XIVe, XVe et XVIe siècles. Si la ville de Padoue, sous la coupe de Venise, était restée « endormie » d'un point de vue politique, elle redevient un espace politique actif au cours du XIXe siècle sous l'occupation austro-hongroise. L'emblématique Caffè Pedrocchi faisait, en effet, office dans la ville de lieu de rencontres et de débats politiques. Ce Caffè de facture néoclassique aux décorations originales fut le point de départ de la révolte de 1848 contre l'Empire des Habsbourg.

Ferrare : maîtriser l'espace urbain

Lorsque l'on survole Ferrare, il est aisé de diviser la ville en deux parties nettement délimitées. La première au sud-ouest correspond à la cité médiévale. La seconde au nord-est correspond à l'extension dite Addizione Erculea, du nom du Duc de Ferrare, Ercole 1er. Commanditaire du projet, en 1492, il en confia la réalisation à l'architecte Biaggio Rossetti (1447-1516). Un axe majeur, l'avenue Cavour, distingue nettement les deux parties de la ville et en conséquence deux visions urbaines. Parcourir les rues de la ville permet de bien comprendre les questions que cherchaient à résoudre l'architecte urbaniste.

La ville initiale est composite, parfois chaotique, possède des ruelles étroites et sinueuses qui s'entremêlent. C'est un espace caractéristique des villes médiévales qui s'étant développées de manière circulaire, autour d'un lieu de focalisation, laisse un ordre très aléatoire combler les vides. A l'inverse, au-delà du Corso Cavour et de son prolongement, le Corso della Giovecca, les rues sont parallèles et perpendiculaires. Elles possèdent une largeur conséquente. Elles sont organisées et tracées de manière millimétrique. Si le centre de la ville dans son ensemble est le château des Estes (Castello Estense), chacune des parties possède son propre lieu de référence : la cathédrale pour la partie ancienne, le Palais de Diamants pour la partie renaissante.

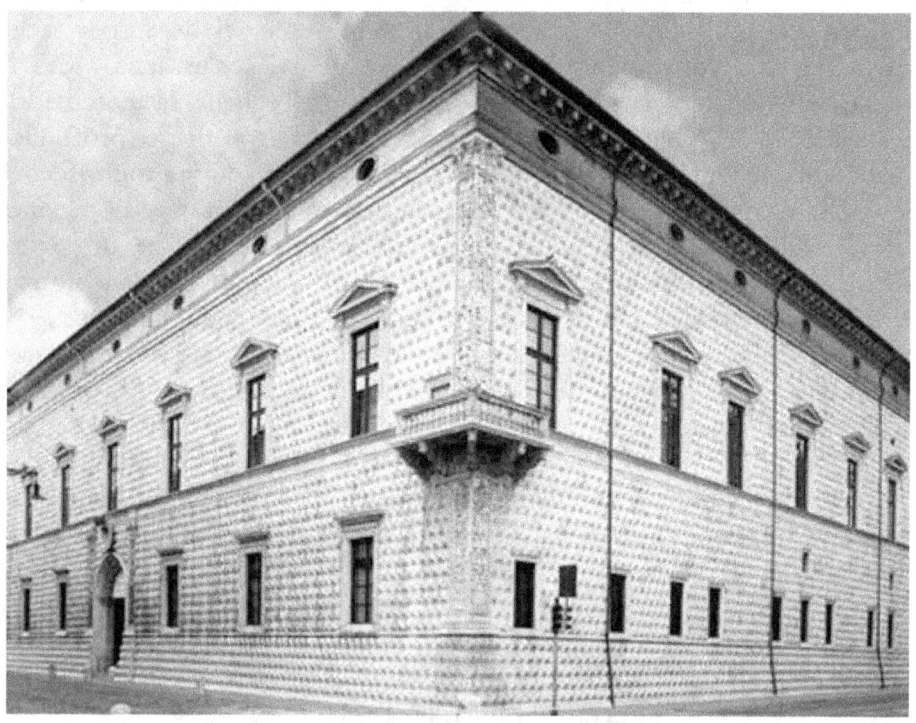

Biaggio Rossetti, Palazzo dei Diamanti, Ferrare, 1492

Ainsi Ferrare a vu l'exécution de la première tentative d'extension urbaine fondée sur des principes urbanistiques novateurs devant répondre à des questions sanitaires et démographiques, marchandes et de circulation, esthétiques et d'organisation spatiale et sociale. La réponse qui y a été apportée se fonde sur des principes relativement simples et efficaces qui rappellent un échiquier. A l'ordre symbolique médiéval succède ainsi la tentative d'un ordre rationnel clairement établi autour d'une relation harmonieuse entre l'homme et son environnement. La Jérusalem céleste se voyait ainsi commuée en une Jérusalem terrestre. La dimension religieuse de la cité cède la place à une tentative de rationalisation vertueuse, civique et réellement citadine. Le Palazzo dei Diamanti occupe le centre de ce nouvel espace urbain évoque un art de vivre revisité. Les façades sont recouvertes de blocs de marbre taillés en pointe de diamants. C'est un bossage particulier, dont les surfaces ne sont pas identiques, qui connaîtra un large écho à travers l'Europe les siècles suivants. Ferrare propose ainsi une vision assez pertinente du renouvellement de la pensée urbaine et du mode de vie palatiale au cœur de la Renaissance classique. Les tentatives de création de « cité idéale » ex-nihilo qui suivront, notamment Sabbioneta (urbanisme civil) et Palmanova (urbanisme militaire) y puiseront une assise certaine. Le Duché de Mantoue pour Sabbioneta et la République de Venise pour Palmanova étaient des voisins avertis et attentifs aux développements expérimentés à Ferrare.

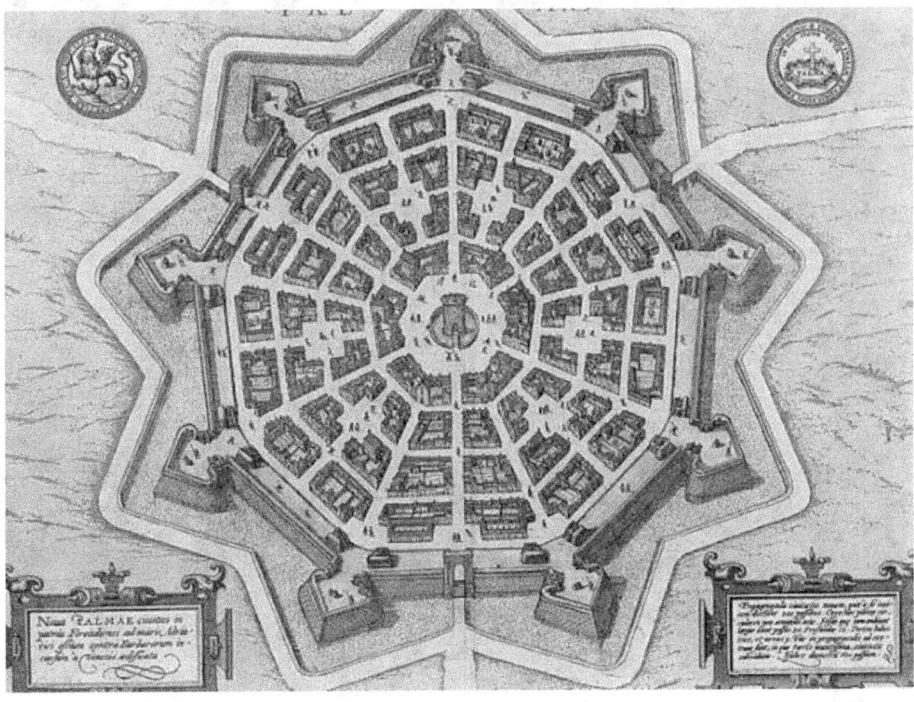

Palmanova

Giulio Romano à Mantoue : fin de cycle et nouvelle orientation

La salle des Géants du Palazzo Te à Mantoue est une étape fondamentale de la révolution picturale et artistique qui prolonge la renaissance classique et rompt en même temps avec elle. Recommandé par Baldassere Castiglione, Giulio Romano est invité par Frédéric II de Mantoue à venir s'établir dans la ville lombarde. L'élève puis l'ami de Raphaël, bénéficiant du mécénat du Duc, réalise à sa demande le Palazzo Te, demeure palatiale excentrée au sud de la ville. Le périmètre du palais est assez important et côté jardin se termine par une exèdre. S'y trouve également le pavillon de la grotte chère à l'école maniériste. Buontalenti y revenant un demi-siècle plus tard au Palazzo Pitti de Florence traçait ainsi la courbe de la tendance maniériste en art. Deux salles sont remarquables par ce qu'elles révèlent et sous-entendent : la salle des Géants et la salle des Chevaux.

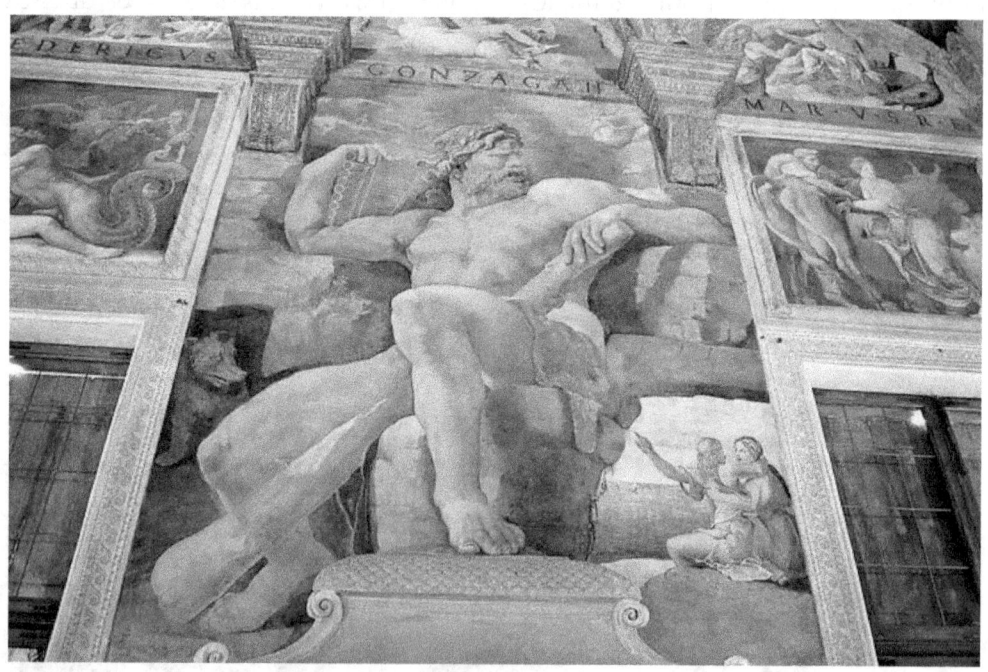

Salle des Géants, Palazzo Te, Mantova, circa 1530

Les peintures de la salle des Géants racontent l'affrontement de Jupiter et des Géants. L'histoire est le prétexte à un renouvellement pictural d'une rare intensité. Lorsque l'on pénètre dans la salle, ce qui frappe au premier chef, c'est l'espèce de tourbillon qui absorbe celui qui regarde. La scénographie virevolte et englobe. Plus remarquable encore si l'on s'arrête aux détails, c'est le mouvement qui est donné au corps. Si la Renaissance classique avait cherché à répondre ou tenter de répondre à la parfaite représentation du corps, la fameuse perfection des proportions et la justesse des mesures (Cima di Coneglione en serait un représentant achevé), Giulio Romano en prend le contre-pied. Dans cette salle, le corps devient mouvement, contorsion, effets visuels. Sans que cela soit anecdotique, Giulio Romano quitte Rome après le sac de 1527. D'abord élève, puis collaborateur de Raphaël, il hérite de son atelier à sa mort en 1520. Ce qui est absolument remarquable dans son art, c'est le prolongement qu'il donne à l'œuvre de son mentor. Si Raphaël incarne l'aboutissement du cycle de la Renaissance, trouvant l'expression parfaitement équilibrée des formes et des couleurs, rendant la vérité de son objet, Giulio Romano au risque de se retrouver dans une impasse esthétique va repousser les limites de cette perfection formelle. Il développe et amène à maturité des tendances aperçues à Rome. Les corps se contorsionnent, les muscles s'affirment et se bandent, les raccourcis accentuent les effets de mouvements.

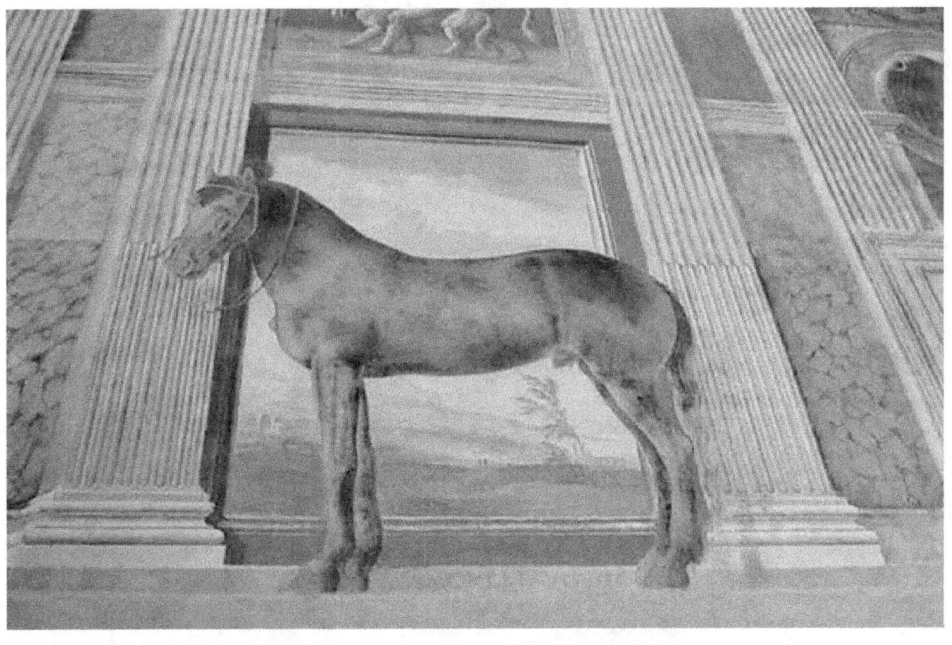

Salle des Chevaux, Palazzo Te, Mantova, circa 1530

Comme toujours, le thème retenu n'est qu'un prétexte à l'exécution et à la réalisation de l'œuvre parfaite. L'issue de Giulio Romano ne pouvant se trouver dans l'équilibre, il la force pour reconfigurer la dimension esthétique de la peinture. Il défie la nature et la repousse dans ses retranchements. Point de salut dans l'imitation, l'art qu'il amorce annonce une rupture. Celle-ci doit se concevoir comme un hymne intellectuel et émotionnel affirmant une profonde liberté. En ce sens, le maniérisme n'est point un chant du cygne ou la défaite d'une peinture en quête de vérité, mais le renouvellement des possibles. Les codes et conventions mises en place patiemment au fil du XVe siècle trouvent un nouvel espace d'affirmation. Le jeu peut se poursuivre. En ce sens, Giulio Romano se situe bien à l'origine du dépassement de la représentation. C'est un renversement de perspective qui ouvre des portes, bouscule les codes, repousse les limites. L'enjeu n'est plus la vérité ou bien son idéal, mais l'art de la représentation en lui-même. Les chevaux représentés dans la salle éponyme attestent en ce sens sa parfaite et élégante maîtrise. De nouvelles pistes pouvaient être explorées.

FRAGMENT 17 / SUPERMERCATO

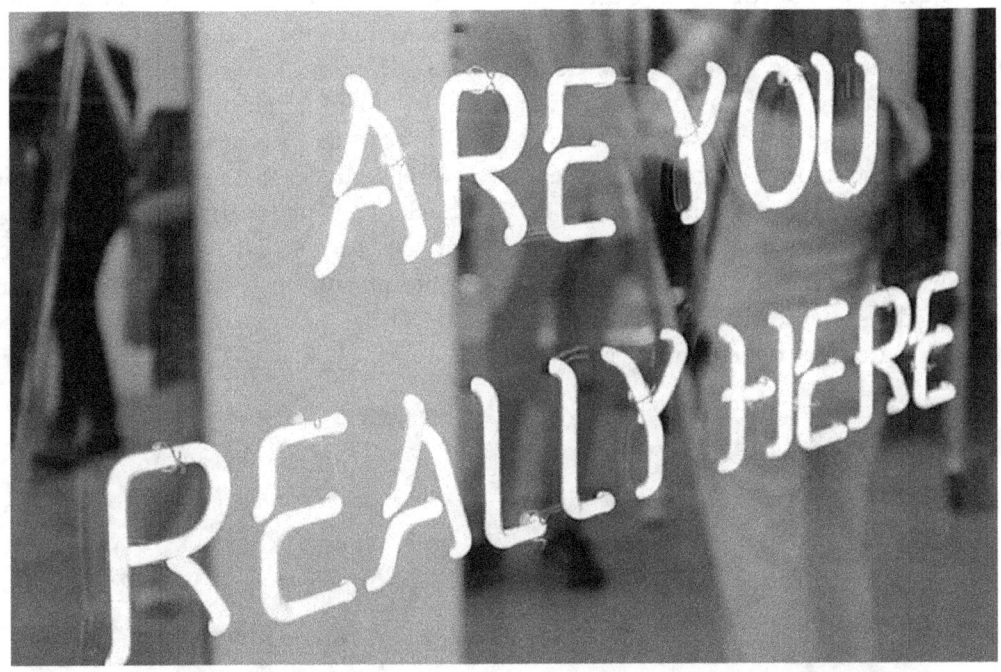

Jeppe Hein, Are You Really Here, 2014

Art Basel, c'est un peu « Days » de l'écrivain James Lovegrove. Il y a le monde extérieur. Peut-être un monde fictif. Et il y a le monde du dedans. Peut-être et paradoxalement beaucoup plus réel ou tout du moins qui devrait l'être. Dans tous les cas, il s'agit d'un autre univers. La coupure est nette. Un pass bleu permet de passer le contrôle et d'immenses baies vitrées font office de frontière ou plutôt de séparation stricte. À l'extérieur, la transhumance quotidienne va à son rythme routinier, sous un soleil de plomb. Au-delà de cette petite frontière incarnée par un petit rectangle bleu ciel, un microcosme climatisé. C'est comme « Un tout petit monde » de David Lodge. Signalétique habituelle. « Unlimited » en face. Art Basel Galleries en prenant l'escalator, à droite. Un joli plan pour bien se repérer. Bientôt inutile. Quelques objectifs clairs, nets et précis qui seront bientôt dilués dans un flot de suggestions, d'interpellations et de surprises. L'art est partout et nulle part. Chacun s'approprie l'espace à son échelle, le transforme, le parcourt, le transcende. Parfois l'espace est ouvert, d'autrefois fermé. Chacun joue sa partition, interpelle, peut changer les règles, les codes, les conventions.

Ce qui a fait et fera référence est en constante mutation. Tout se joue dans la juxtaposition et l'accumulation, l'assimilation et l'appropriation. Bien davantage encore à l'heure de la globalisation où l'accessibilité et l'immédiateté sont de mise. L'art est dans la rue, dans les musées (qui devraient être absolument libres de droits d'entrée et ouverts en nocturne), dans les galeries, dans les lieux alternatifs. L'art est gratuit et se vend aussi. Autour de l'art, c'est-à-dire les biens symboliques qui sont autant de systèmes référentiels qui donnent la mesure de l'Homme, de la Société et de la Civilisation se greffe un ensemble de structures, de réseaux, d'acteurs et de stratégies. La valeur d'usage n'est pas proportionnelle à la valeur marchande. Dans tous les cas de figure, l'art au-delà de sa fonction originelle et des processus qu'il traduit est indubitablement une « monnaie » d'échange intellectuelle, émotionnelle et matérielle. « Art Basel » est l'un des éléments de cet échiquier. Les superlatifs, positifs ou négatifs, sont légion pour qualifier ce moment clef de l'année artistique à une échelle internationale. La foire d'art moderne et contemporain reste un moment étonnant, sommet du système marchand de l'art. Art Basel est une sorte de « paradis » doré, joliment matelassé, délicatement verrouillé.

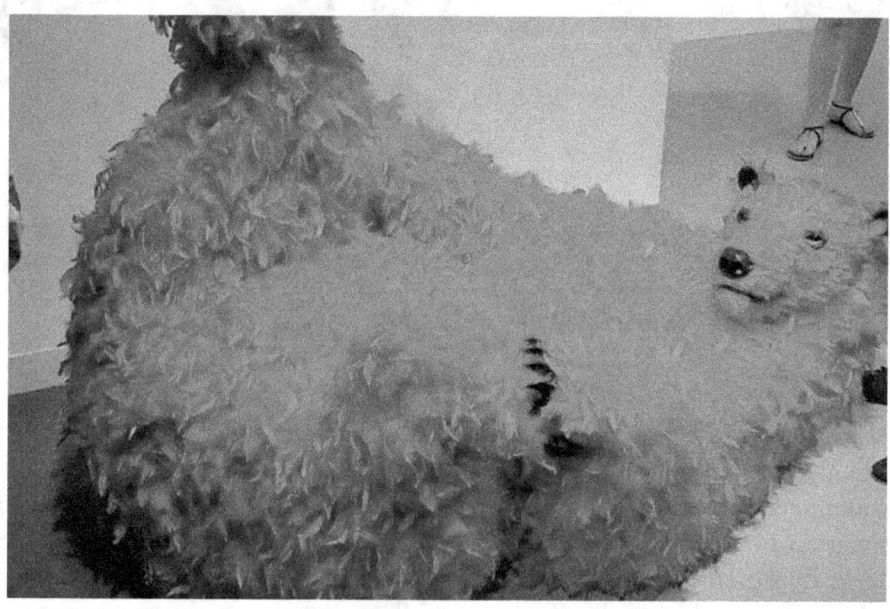

Paola Pivi, Untitled, 2014, 122 x 158 x 99 cm

Un ours rouge. C'est toujours un bon début si l'on a la fibre animale. Un ours rouge reproduit grandeur nature est affalé à l'envers. Son regard est peut-être faussement enjôleur. La voie d'une assistante bilingue qui répète inlassablement à intervalle régulier d'une quinzaine de secondes « ne pas toucher » et sa variante « don't touch, please». Cet ours est décidément attirant. Plus loin, perdues dans ce labyrinthe, deux Japonaises sont assises dans la cour intérieure et sirotent un mojito et un mimosa en recherchant l'emplacement exact où elles se trouvent. Impossible de se situer rationnellement sans un GPS.

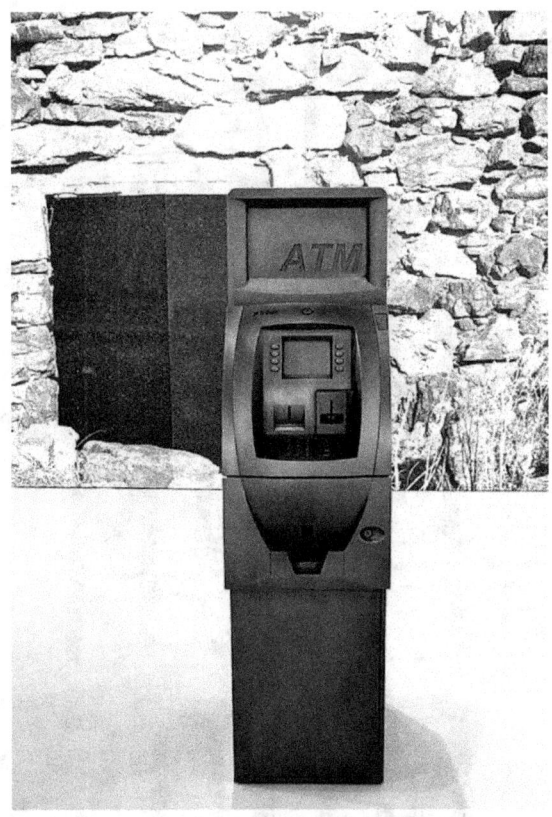

Adam McEwen, Triton ATM 2011, Graphite, 155 x 39,5 x 63,5 cm

Un distributeur automatique de billets gris anthracite reproduit à l'échelle réelle. Inutilisable. Un écho sociopolitique de la société contemporaine iconifiant à tour de bras. Il n'est plus question d'argent, mais seulement de symbole. L'usage est tellement banal qu'il en devient déconcertant lorsque l'objet est définitivement privé de son usage et momifié. Quasi juxtaposée, une jungle acidulée et exubérante rappelle le monde extérieur. Mais de ce côté-ci, tout est calme, volupté et plénitude. «The Boy From Mars » souligne que le soleil est toujours et encore jaune. Tout va bien dans ce meilleur des mondes séparé et distingué.

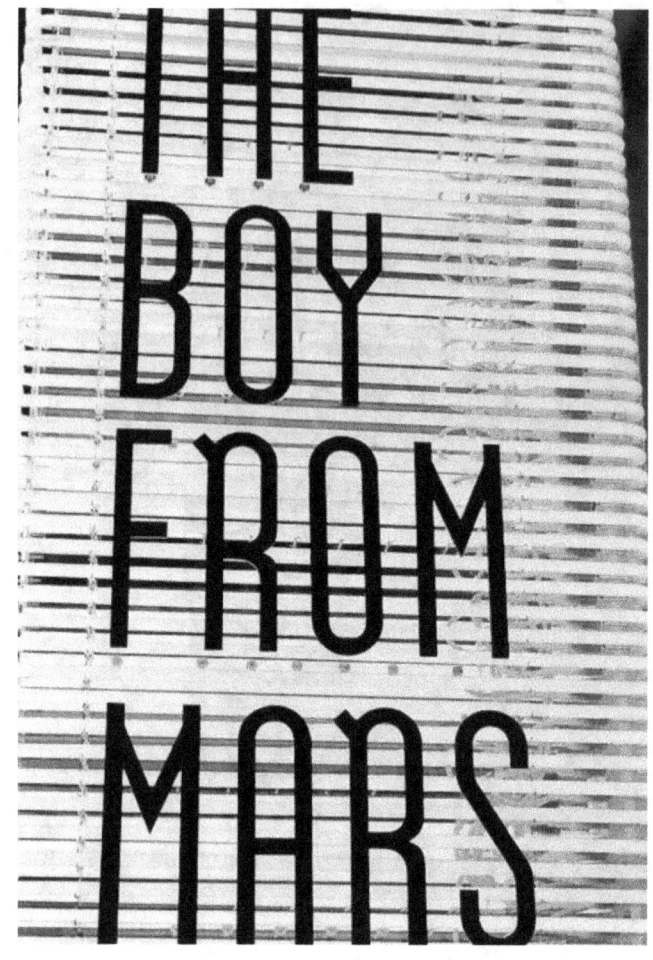

Philippe Parreno, The Boy From Mars, 2005, 148 x 90,2 x 41,9 cm

Statistiques aléatoires

À considérer l'angle statistique ou chirurgical de la question, Art Basel se présente comme un supermarché de l'art moderne et contemporain. Pour la foire en elle-même, en moyenne plus de 300 galeries issues d'une trentaine de pays sont présentes. Elles apportent leurs contributions en proposant des œuvres de plusieurs milliers d'artistes pour des dizaines de milliers de visiteurs. De ce point de vue, c'est une sorte de dédale qui à chacun de ses angles peut provoquer de belles surprises ou non, dans une surenchère mercantile. Le meilleur enlace le pire.

De fait, même si l'origine des galeries tend à être élargie aux pays émergents, l'équation reste néanmoins largement dominée par un axe nord-américain et ouest-européen. New York reste une tête de pont. Pour l'Europe : Londres, Paris, Milan, les galeries suisses et scandinaves. Autre point saillant, les galeries berlinoises apportent une belle contribution qui se distingue assez aisément par la nature des œuvres retenues. En conséquence, Art Basel est largement dominé par un système de représentation très occidentalisé. Les repères sont connus et partagés. Les trajectoires sont saisissables. On ne peut pas vraiment se perdre. De grands noms de la modernité côtoient les artistes d'aujourd'hui et ceux de demain.

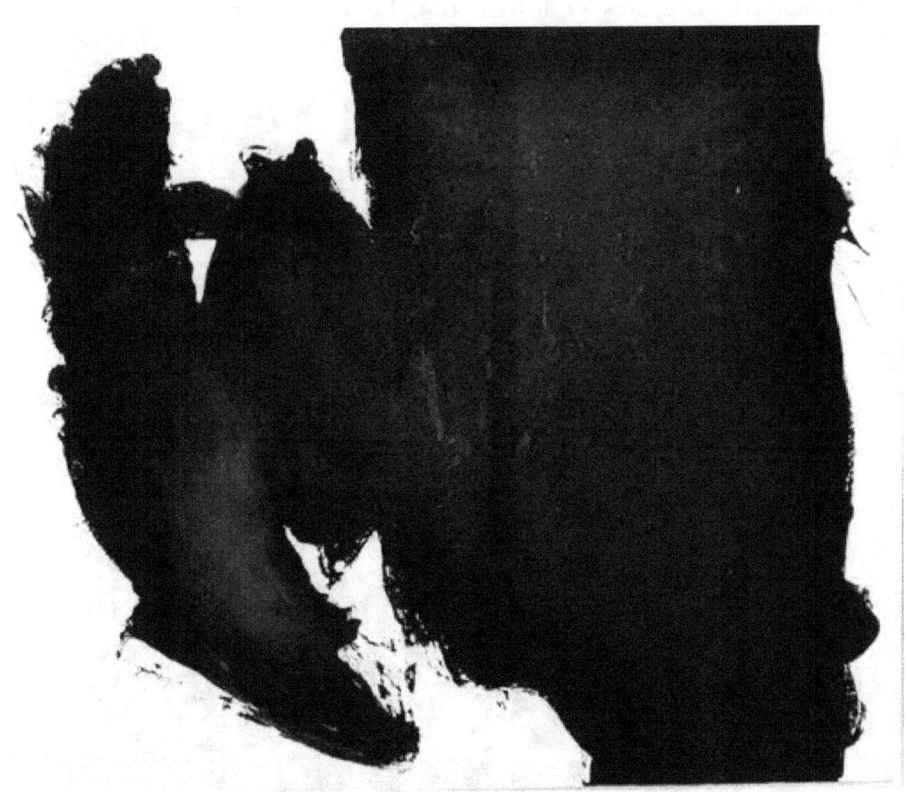

Robert Motherwell, Untitled (Elegy), 1960, 58,4 x 73,7 cm

Un cabinet de curiosités surdimensionné

À parcourir la foire d'art contemporain de Bâle, on devine aisément « un monde parfait » de ce côté-ci de la frontière. Le sentiment qui prédomine est bien évidemment l'effet d'accumulation et la sensation de profusion. Des strates se superposent. Beaucoup de strates, parfois très singulières, d'autre fois très décoratives. Chaque année, Art Basel propose une semaine épique où sont visibles des pièces remarquables et des trajectoires assez particulières. C'est aussi le pouvoir de la foire de montrer simultanément la multitude de possibles dans une accumulation quasi orgiaque. Sorte d'arche de Noé, le mélange des genres soutenu ici par le secteur marchand des biens symboliques vogue toutes voiles dehors. Le vent souffle fort dans tous les sens du terme.

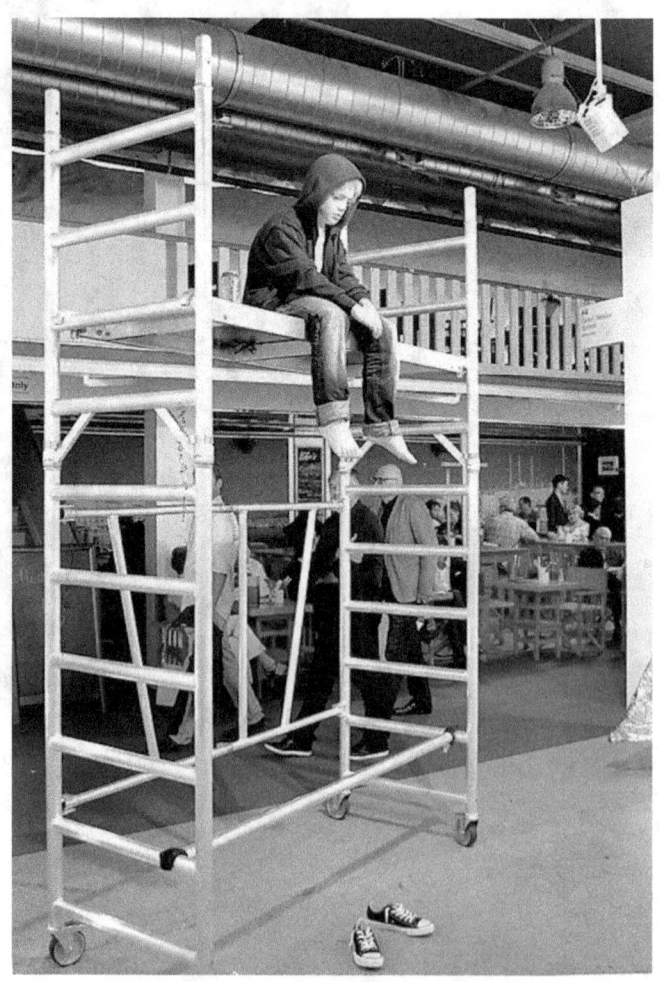

Elmgreen & Dragset, The Wait, 2013, 204 x 120 x 60 cm

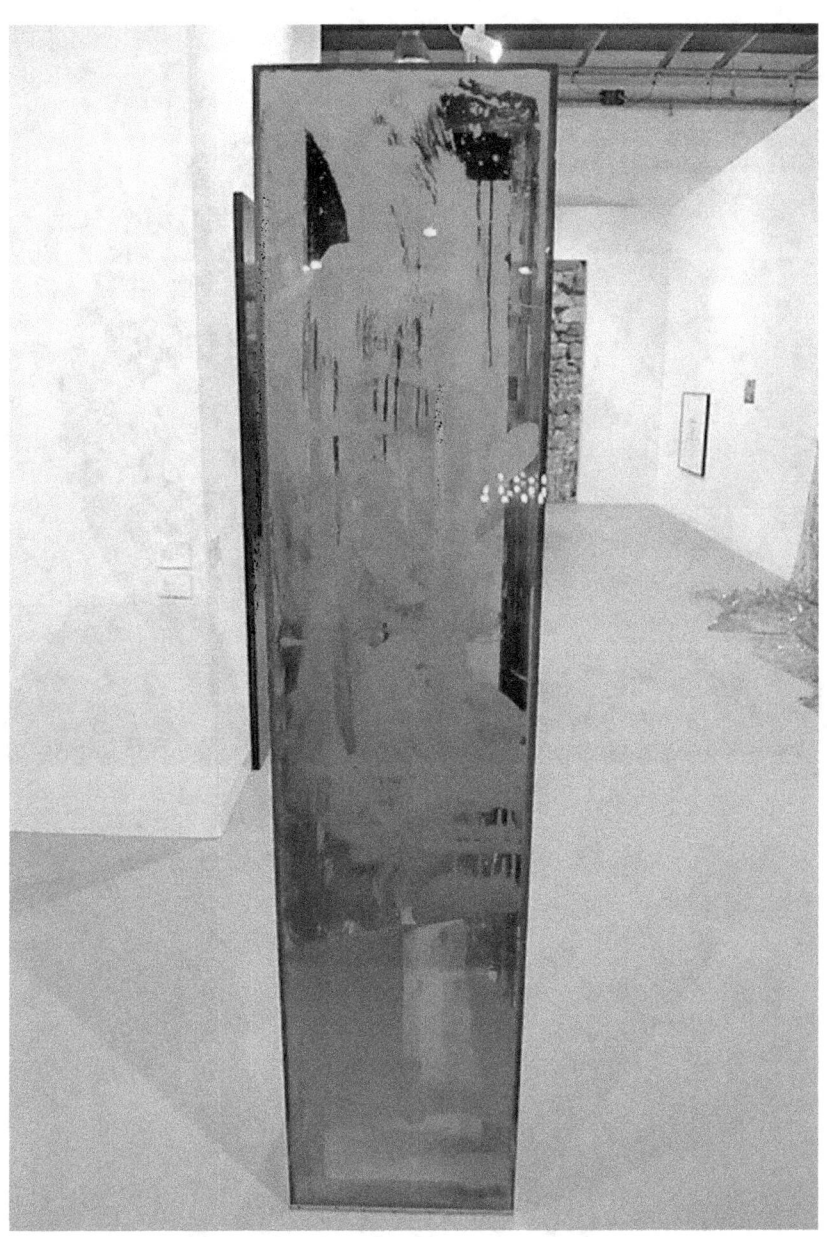

Scott Myles, Mummy, 2014, Perspex, 190,1 x 40,7 x 40,7 cm

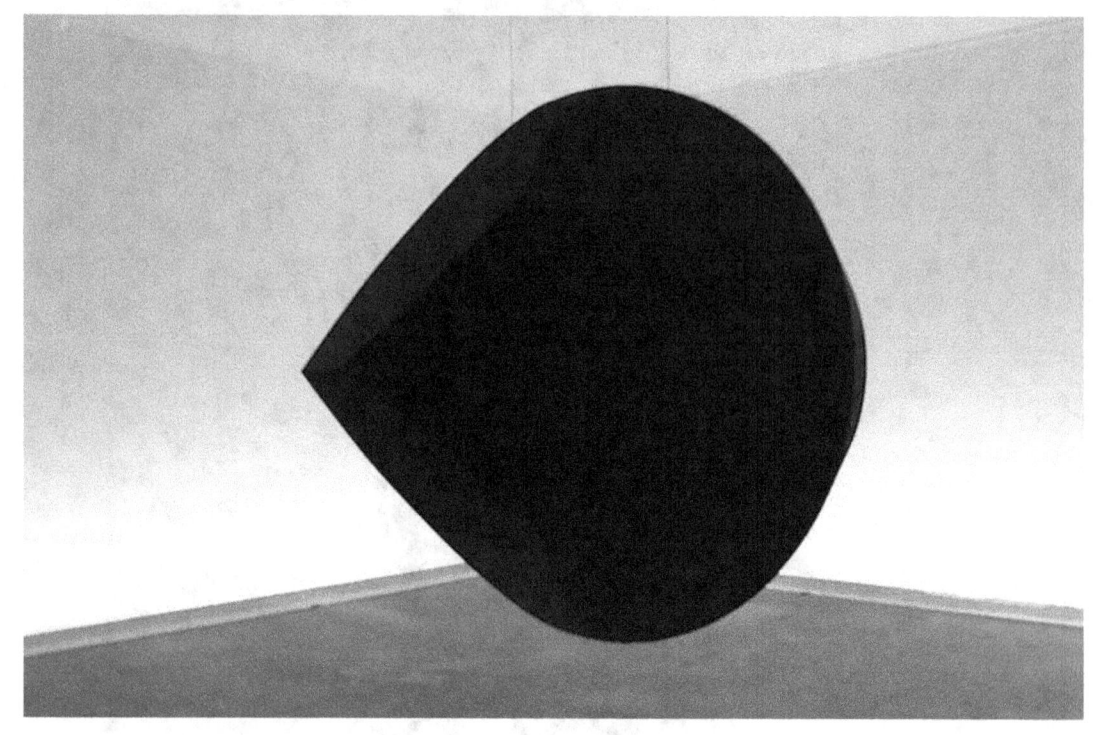

Troika, Dark Matter, 2014

FRAGMENT 18 / LE PRISME PHOTOGRAPHIQUE, « reGeneration3 »

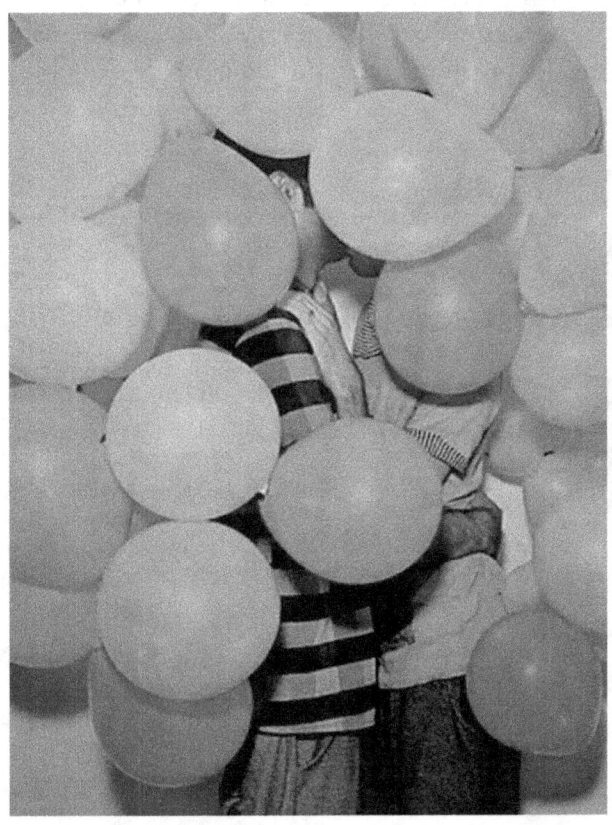

Laurence Rasti, « Il n'y a pas d'homosexuels en Iran », 2014

« reGeneration3 » démontre combien la photographie est un langage spécifique et captivant, tout à la fois dans et hors-les-murs, intégrant le monde et désintégrant les idées reçues. Au travers de l'objectif, il y a la force et la puissance du regard qui autorise les décalages, les prises de positions à orientations variables, la naissance et la fuite des émotions. Entre description et observation, objectivité et subjectivité, mouvement et frontalité, la photographie est non seulement un témoignage, mais aussi et surtout un usage du monde. Le panorama que propose « reGeneration3 » réunit une cinquantaine de photographes qui déclinent une vision et un projet. Il se divise en 3 cycles ou 3 temps (le sujet documentaire, la question de la mémoirees, la richesse des expressions esthétiques inspirée par l'histoire du médium et l'histoire de l'art), cette catégorisation correspond plutôt à un prétexte générique qu'à une réalité argumentaire solide. Ce qui est proposé est beaucoup plus dense et moins typologique. Le menu est en réalité est très disparate et répond bien davantage à une appréhension de la société dans sa totalité. Comme si chaque projet était un fragment qu'il faut lier au suivant. Mis bout à bout les projets suggèrent un tour d'horizon qui dépasse le cadre préétabli. Ce sont des morceaux qui juxtaposés forment un état des lieux plus critique que poétique.

La réflexion prend le pas sur la contemplation. Et le propos dans sa diversité est compact, direct et suggestif. La photo devient un discours. Les œuvres retenues ne sont jamais des pièces uniques, mais des séries ou des compositions. Il ne s'agit plus seulement de découvrir, mais d'inventorier et de dire l'état du monde et de le commenter. C'est un second degré photographique ou chaque photographe crée sa niche opératoire. Une niche qui ne demande qu'à ouvrir des portes.

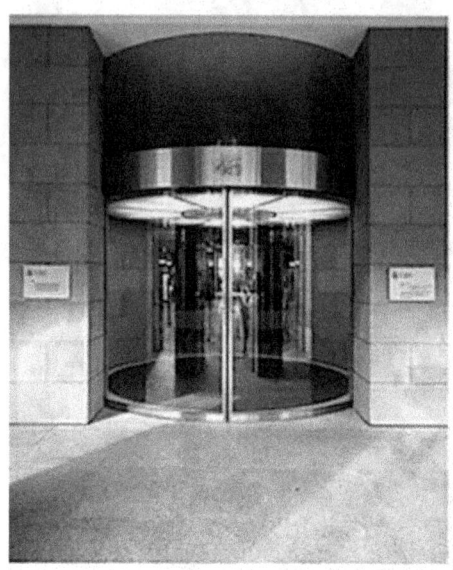

Giacomo Bianchetti, « Can I ? », 2012

Giacomo Bianchetti revient sur le rapport espace public/sphère privée en photographiant les « entrées » des groupes constitutifs du Swiss Market Index. De grands groupes internationaux dont l'objectif est le profit associé à une grande discrétion. De manière frontale, il établit la ligne de partage entre l'espace public, l'endroit d'où il prend la photo, et l'espace privé de l'entreprise, l'entrée du siège de l'entreprise. En contrepoint de ces photos, il propose aussi « le dialogue » ou l'absence de dialogue qui se déroule avec un membre des relations publiques de l'entreprise, le responsable de la communication, un cerbère ou toute autre variante devant gérer le profil médiatique de ladite compagnie. Bien entendu, le dialogue, s'il existe est forcément un dialogue de sourds évocateur de ce qui peut être vu ou non. C'est un dialogue standardisé où plane l'interdit de s'approprier et de photographier l'entrée du bâtiment. C'est un dialogue sans surprise et répétitif jusqu'à l'instant fatidique où le cerbère menace d'appeler la police. Restent alors des photos qui en disent long sur l'accumulation de pouvoir. Plus celle-ci est élevée, plus elle doit se parer de secret, de distance et d'autorité. Les entrées ou les portes sont des sas protecteurs. En deçà la vie quotidienne. Au-delà la vie feutrée. « L'espace privé » se doit d'être discret, faussement anonyme. La porte est une icône parfaite et une frontière symbolique qui ne peut pas être franchie. Business is business.

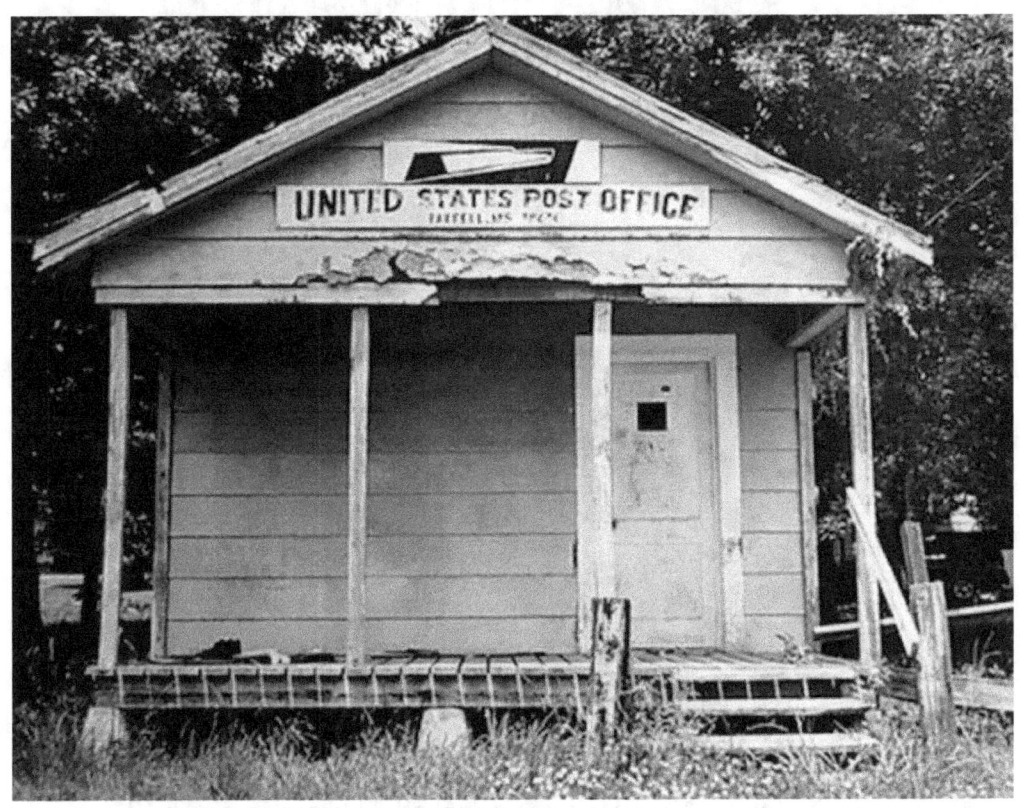

Rachel Boillot, « Post script », 2013

Le monde change et Rachel Boillot en prend note dans sa série intitulée « Post script » à la manière d'une archéologue... des échanges sociaux. 3653 bureaux de poste ont été supprimés en 2011 sur le territoire américain. La photographe en fait un relevé partiel. Son objectif, prendre note des changements socio-économiques et faire le portrait d'une mutation. Outre la dimension centrale et significative d'une poste, comme étalon représentatif d'une autre époque, c'est la nature des échanges sociaux qui se trouvent modifiés dans les communautés rurales. Plus ou moins abandonnées et délabrées, les postes défraîchies sont comme des dinosaures ramollis en voie d'extinction. En transit vers un nouvel « Eldorado. »

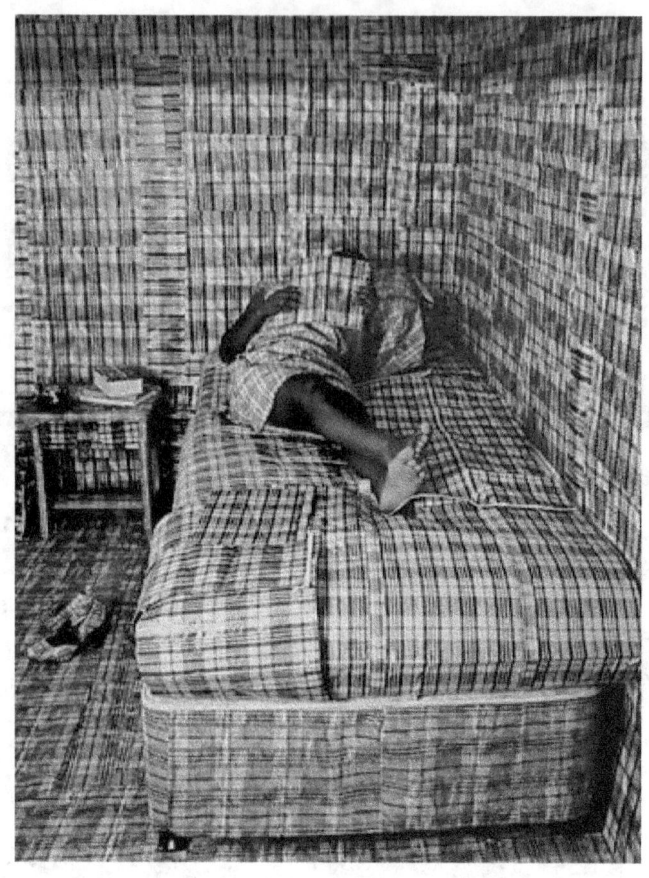

Nobukho Nqaba, « Umaskhenkethe likhaya Iam », 2012

Le monde se transforme. Les idées, les personnes, les biens circulent pour des raisons et des objectifs divers et variés. La photographe Nobukho Nqaba en restitue la substance à sa manière. De ses souvenirs d'enfance, elle garde la vision des fameux China Bags. Ces sacs en plastique qu'utilisaient sa mère lors des déplacements qu'elle effectuait. Ces sacs sont également appelés les sacs du pauvre. Ils se retrouvaient partout. Plus tard, devenue photographe, elle tapisse de ces sacs une chambre et montre comme un écho perturbateur leur dimension invasive. Entre mémoire et fuite en avant, oppression et rupture, esthétisation et distanciation, volonté objective et réminiscence biographique, la composition donne certains repères sur les réalités du monde. De l'usage pratique à l'espace intime, du local au global, la frontière est ténue. Sous une forme « froide » ou mécanique ont pourrait avoir le listing suivant : données quantitatives, espaces vides, bâtiments à l'abandon, reconversion sociale, transhumances existentielles, migrations, île artificielle, identité individuelle, china bags, sphère publique, manipulation sociale, propriété privée, (r)évolution, Darwin, vacances, criminalité domestique, désertification sociale, exode, distanciation, choix, proximité, esthétisation, documentation.

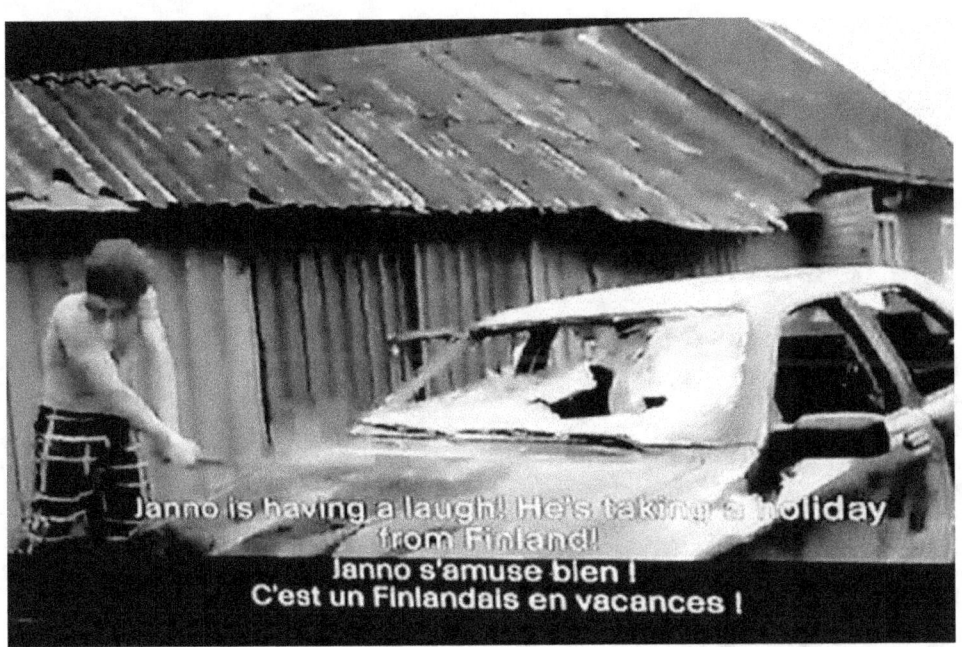

Karel Koplimets, « Case N° 8. You'll always Find Me in the Kitchen at Parties », Installation/vidéo, 2014

FRAGMENT 19 /, 1927-1928, UN MANIFESTE POUR UN STYLE DE VIE MODERNISTE

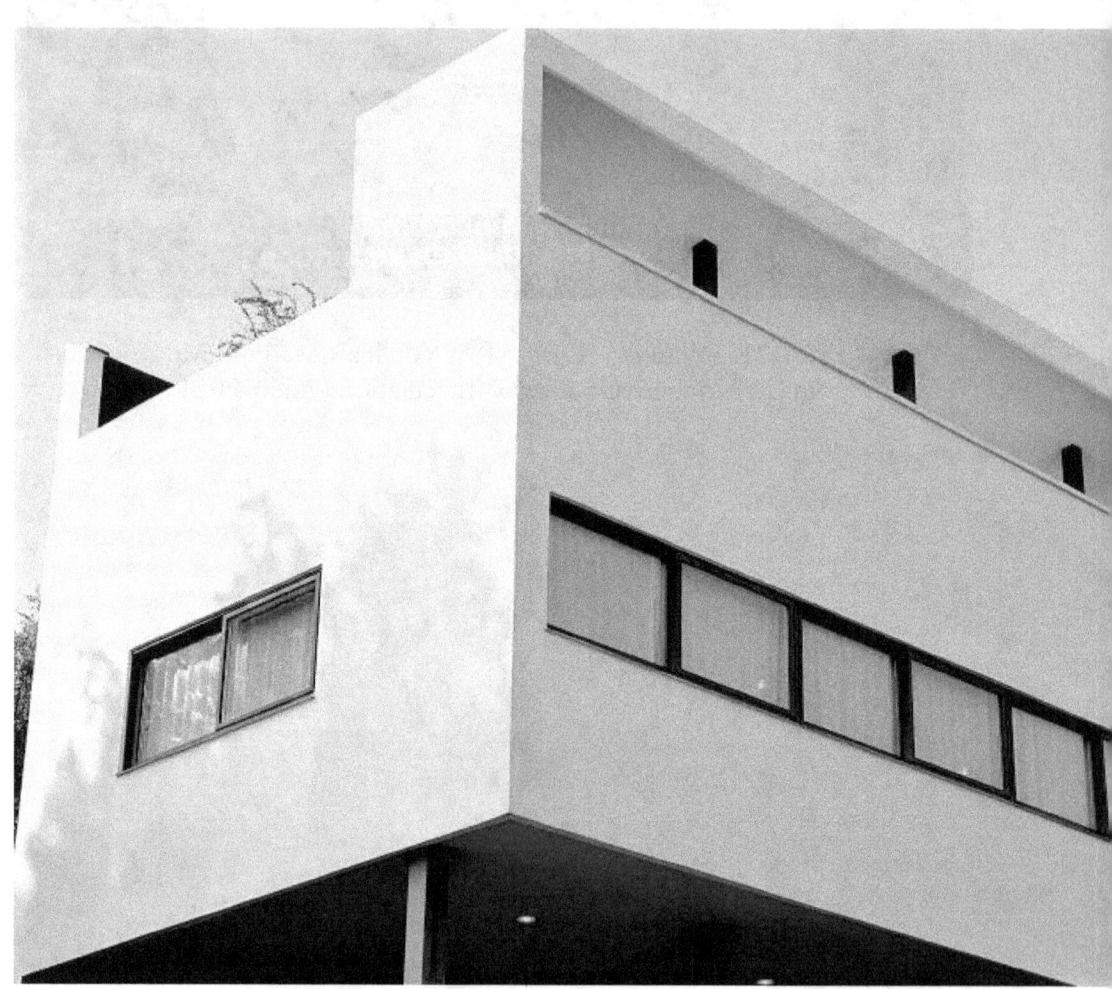

LE CORBUSIER A STUTTGART

Conçu et réalisé par les architectes de la modernité en 1927, pour une exposition dédiée à l'habitat, Am Weissenhof est un quartier atypique de Stuttgart, peut-être unique en Europe. Son pendant stylistique, pourrait se trouver du côté de Dessau et Weimar ou bien encore de Tel Aviv. Dans la première ville se trouve l'ensemble constitué par la cité Törten, le site de l'École du Bauhaus et les fameuses maisons « des » maîtres conçues par Walter Gropius. Dans la seconde, parmi d'autres, la maison Am Horn pourrait en être l'équivalent. A Tel Aviv, à une échelle toute autre, la Ville Blanche. Le quartier Am Weissenhof, issu de nouvelles réalités, partiellement détruit (11 bâtiments subsistent sur les 21 réalisés à l'origine) montre la réponse apportée durant les années 20 au contexte de l'époque par une nouvelle génération.

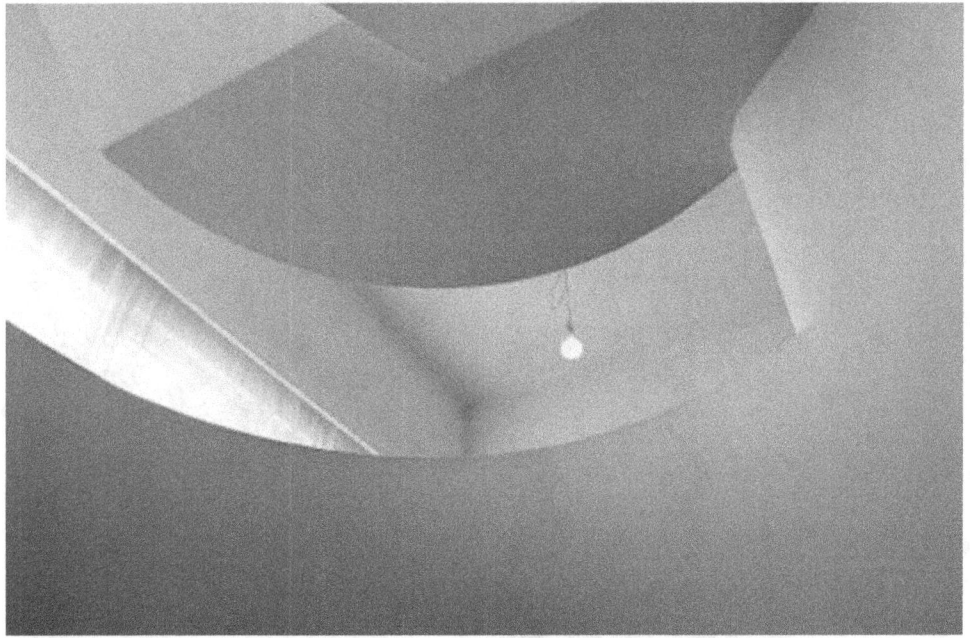

Le début d'une nouvelle ère

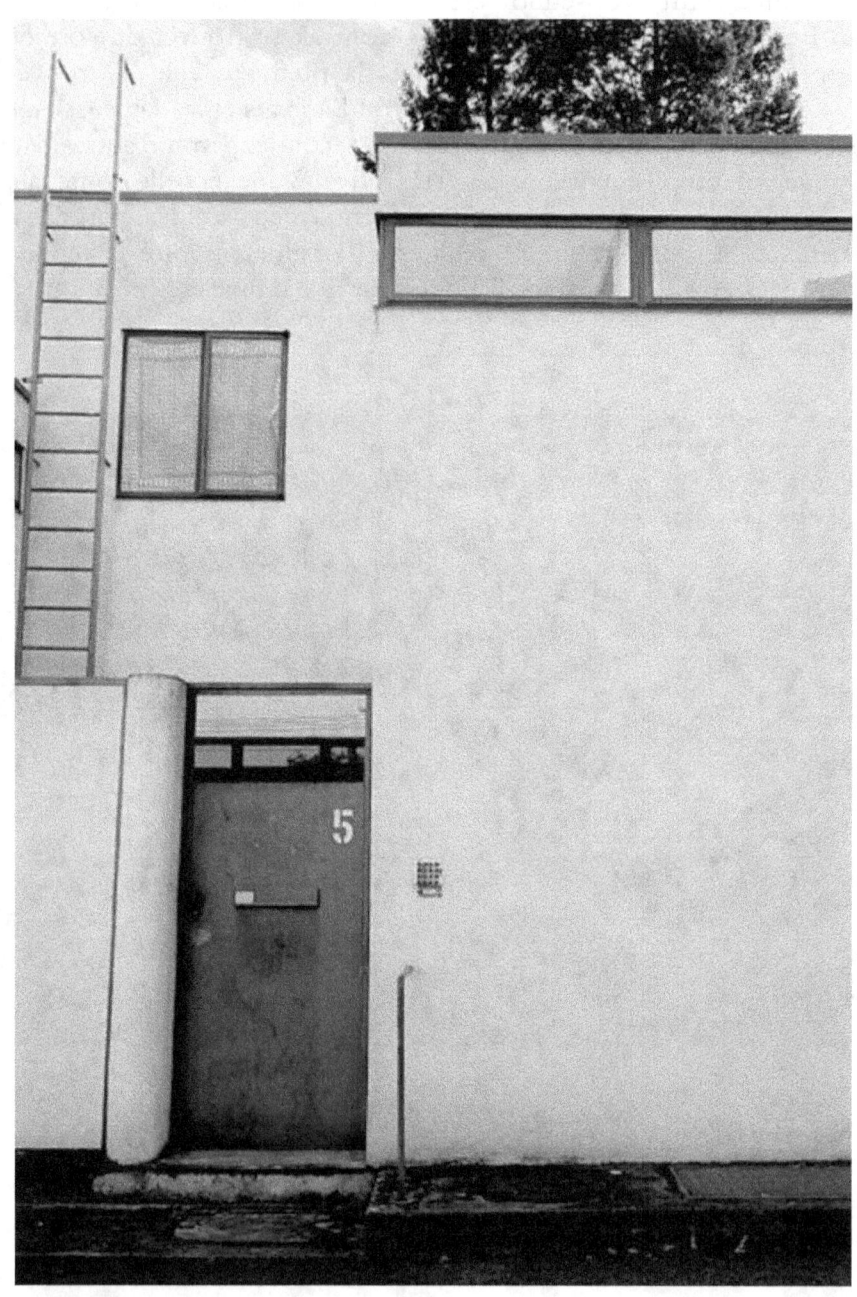

En terme de langage esthétique, le projet initié par Mies van der Rohe représente une rupture radicale avec l'époque. Les interrogations de base autour de l'idée d'habitat remettent en question les idées reçues de la période. Le superflu est éliminé et l'ostentatoire est supprimé. Reste le cube et des problèmes à résoudre : l'agencement intérieur, la luminosité, l'hygiène. Sur cette base, le mouvement moderne (Le Corbusier, Hans Scharoun, Victor Bourgeois et Mart Stam parmi d'autres), va développer de nouvelles conceptions en adéquation avec la vie quotidienne et la vie réelle. En terme d'approche, de représentation et de mode de vie, une ère nouvelle s'ouvre.

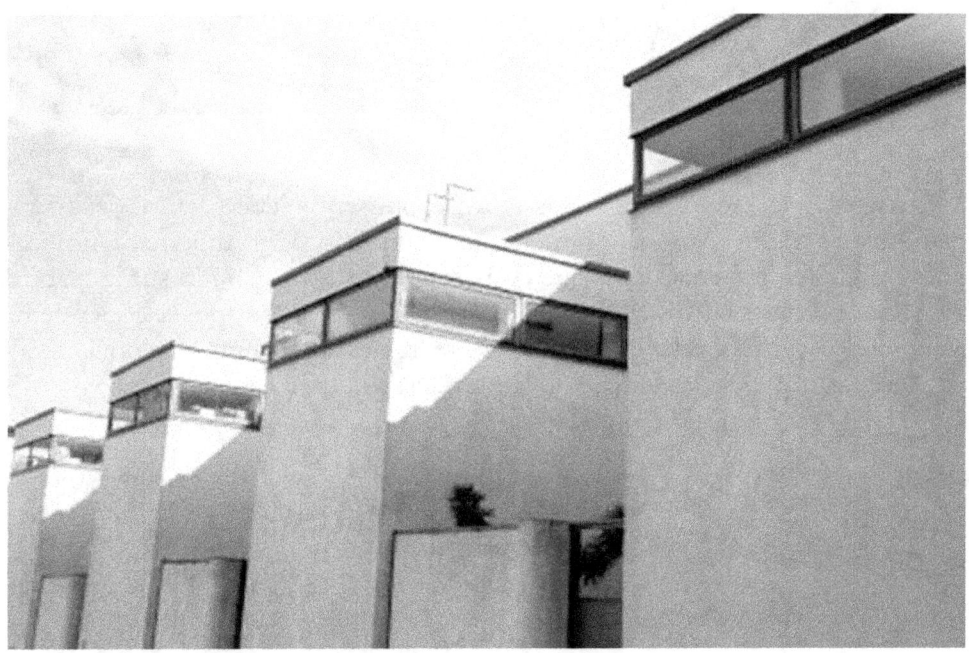

VAN DOESBURG A STRASBOURG

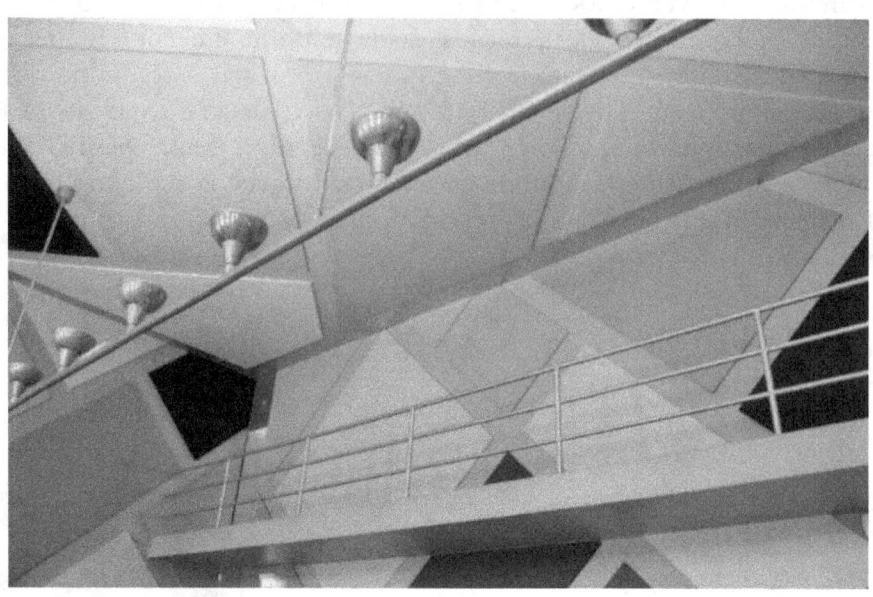

Au milieu des années 20, les frères Horn proposent à Theo Van Doesburg, Sophie Tauber-Arp et Hans Arp de réaménager l'intérieur de l'Aubette. Un bâtiment à vocation militaire de facture classique construit entre 1765 et 1778 sur la place centrale de Strasbourg. Pour les trois artistes, c'est l'opportunité de proposer concrètement une nouvelle vision du monde. Dans un contexte de changement global, il s'agit de réinventer la vie après la boucherie de la première guerre mondiale.

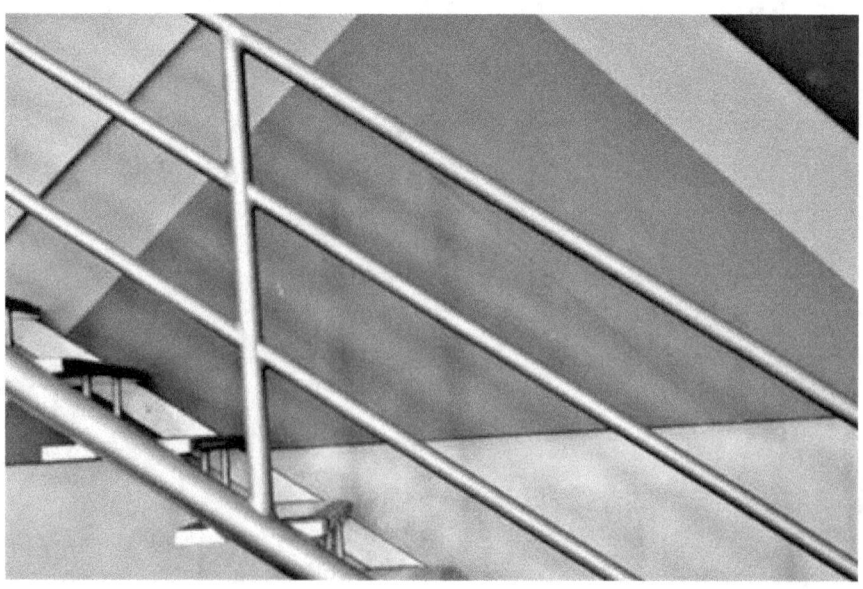

Fondateurs et membres de Dada pour Hans Arp et Sophie Tauber-Arp, théoricien de De Stijl pour Van Doesburg, les trois artistes sont en relation avec les constructivistes soviétiques et les représentants du Bauhaus. A Strasbourg, ils s'appliquent à réaliser dans un espace tridimensionnel leurs ambitions esthétiques. Des espaces de loisirs comme une salle de ciné-dancing ou un foyer-bar sont ainsi conçus, imaginés et aménagés.

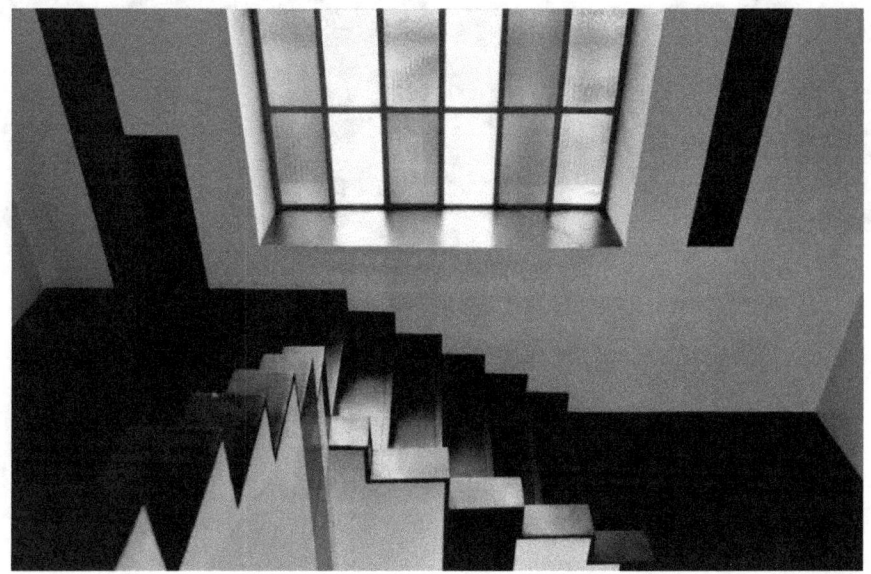

A l'instar du quartier Am Weissenhof à Stuttgart, la modernité picturale et architecturale intègre la vie. Les trois artistes créent des lignes de rupture et de fuite à l'opposé des canons et des conventions régissant la société. Utilisant les couleurs primaires et les lignes géométriques pour seuls outils et arguments, ils façonnent un espace tout en équilibre et subtilité qui suggèrent une profonde harmonie. Sur un territoire limité, ils appliquent un langage qui libère de tous les conditionnements et de toutes les conventions des époques antérieures. Mal accueillis par les habitants de la ville, l'espace tombe en désuétude avant d'être redécouvert et restauré au tournant des années 80. Ces espaces intérieurs de l'Aubette, unique au monde sont finalement classés monument historique en 1985 et 1989.

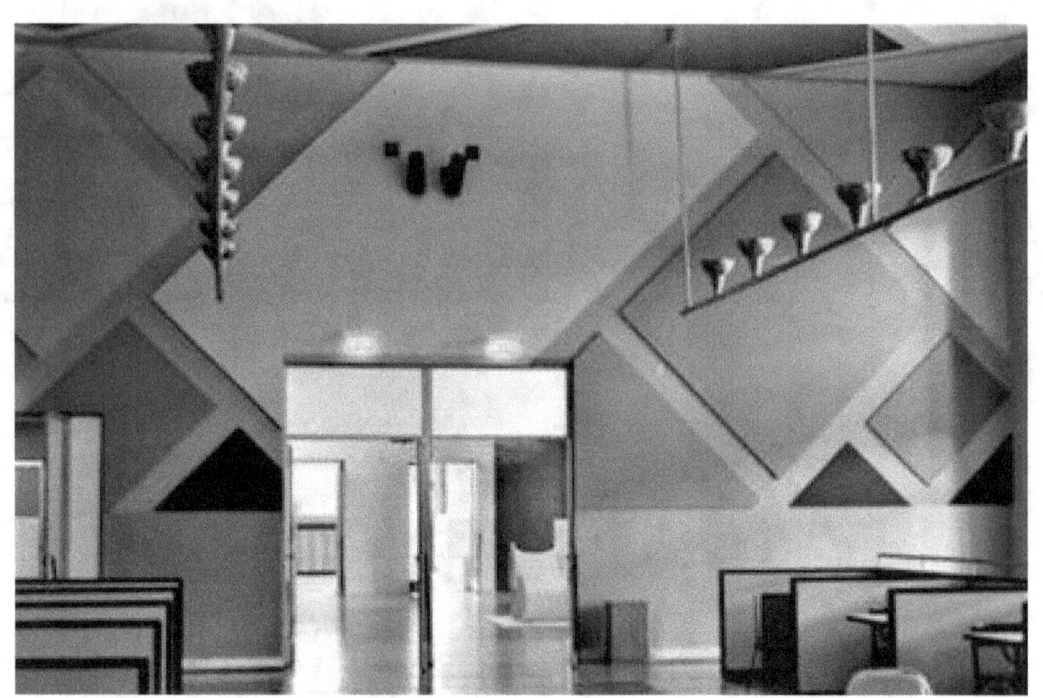

www.ingramcontent.com/pod-product-compliance
Lightning Source LLC
Chambersburg PA
CBHW080528220526
45465CB00006B/2632